ZHOUYUNYUAN WENJI

# 周运源文集
## ——基于经济发展之探讨

周运源 著

中山大学出版社
·广州·

**版权所有　翻印必究**

**图书在版编目（CIP）数据**

周运源文集：基于经济发展之探讨/周运源著．—广州：中山大学出版社，2018.3
ISBN 978-7-306-06312-0

Ⅰ.①周… Ⅱ.①周… Ⅲ.①区域经济发展—广东—文集 Ⅳ.①F127.65-53

中国版本图书馆 CIP 数据核字（2018）第 045439 号

| | |
|---|---|
| 出 版 人： | 徐　劲 |
| 策划编辑： | 杨文泉 |
| 责任编辑： | 杨文泉 |
| 封面设计： | 曾　斌 |
| 责任校对： | 王　璞 |
| 责任技编： | 何雅涛 |
| 出版发行： | 中山大学出版社 |
| 电　　话： | 编辑部 020-84110283，84111997，84110779，84113349 |
| | 发行部 020-84111998，84111981，84111160 |
| 地　　址： | 广州市新港西路 135 号 |
| 邮　　编： | 510275　　　传　真：020-84036565 |
| 网　　址： | http://www.zsup.com.cn　　E-mail:zdcbs@mail.sysu.edu.cn |
| 印 刷 者： | 广东省农垦总局印刷厂 |
| 规　　格： | 787mm×1092mm　1/32　8 印张　220 千字 |
| 版次印次： | 2018 年 3 月第 1 版　2018 年 3 月第 1 次印刷 |
| 定　　价： | 36.00 元 |

如发现本书因印装质量影响阅读，请与出版社发行部联系调换

谨以此作品纪念中国改革开放四十周年

2017年6月25日，周运源出席在珠海举行的研讨会（比璐、玉梅赐摄）

2017年6月，老同学们（从右起）梁树彬、卢晓龙、周运源、梁志扬、王展飞、余伟英相聚

有诗为证：
　　　　　　当年求学在中大，谈笑风生话今朝；
　　　　　　偶尔小聚也精彩，幸福生活健而康。

周运源教授回母校暨南大学参加
广东省 2016 年学术研讨会,并做专题演讲

周运源教授出席大会并做获奖感言(蔡兵教授赐摄)

周运源教授祖居地五华县横陂镇石下村廉庆楼，在瑞连、运宣、运林和汉华等的主持和叔伯兄弟帮助下修葺后的新貌（周运源摄于2016年）

周瑞泉（左）、周运源兄弟俩留影于五华县横陂镇石下村濂庆楼祖屋（2009年春）

周运源(左)于2016年12月24日应邀出席桂林市高铁枢纽带规划项目评审会期间与桂冠诗人白志仕留影于桂林一景象鼻山

桂林景区二江四湖中二江是指漓江、桃花江,四湖是指杉湖、榕湖、桂湖和木龙湖,这是景区中的金、银双塔夜景(周运源摄于2016年12月24日)

2016年12月7日,张穗强(左)、周运源(中)与许长青参会留影

中山大学南校区莲花池塘一瞥(周运源摄影并配诗)

荷池雨后显奇颜,花丛深处有蛙痕;
如今荷塘环境好,此时赏荷荷更娇。

2016年教师节,周运源应邀回母校中学出席相关活动(魏富林摄影)

又到大学生军训进行时(周运源摄影、配诗于2014年)

学生军训在操场,飒爽英姿练兵忙;
国防教育心中驻,保家卫国倍荣光。

周运源教授留影于中国台北（李江帆教授赐摄于 2012 年 12 月）

1986 年 9 月 28 日，由暨南大学特区港澳经济研究所主办的"中国经济特区经济体制改革学术研讨会"在广州暨南大学召开，来自全国各地的专家学者 100 多人出席了此次研讨会，并对中国经济特区发展中的经济改革等问题进行了广泛的讨论，由此产生了重要影响。上图主席台右为主持会议的陈肇斌所长、教授。会场中左一人为出席研讨会的周运源

1983年9月,蔡馥生教授(中)在指导研究生(图右起第三人为周运源)

周运源教授夫妇摄影于中山大学珠海校区教学大楼前草坪
(周国摄于2016年春节)

2017年教师节,周运源夫妇(前排)与当年部分毕业研究生留影于中山大学紫荆园,第二排右起杨广、孔超、卢扬帆、陈宇、马占亚、张晓虹、李潇。

诗言志:

尊师重教33年,教师节日今又来;
老师荣休已多载,倍思师生情更深。

2017年2月26日,林卫东(左二)、林健和(右二)姐弟与原横陂中学在广州市居住的部分同学聚会,共叙友谊,并留影于广州珠江新城的南国酒家前。

有诗为证:

陂中同学聚羊城,情谊满满慕美人;
未来日子踏实过,风物长宜健而康。

2016年9月10日时值教师节,五华县横陂中学举行孔子像落成仪式。前排起五华县人大常委会主任邓百锦(左六)、原副县长魏孟均(右二)、该校育才基金会领导陈思贤(前排右六)、魏聪桂(右五)、魏胜友(右三)、李新华(右一)、魏标辉(左二)、周运源(左一)、校长张百如(第二排左起第四人)、魏仲辉(第二排左起第三)、魏富林(第二排左起第一)等与老师、学生代表一起参加庆祝活动后在校本部孔子像前留影

秋高气爽好时光,母校陂中喜洋洋;
孔子广场庆典礼,崇文重教新篇章。
莘莘学子好年华,教书育人责在肩;
继往开来明师德,人间盛开教育花。

暨南大学110周年校庆日（2016年11月19日），前排起李鸿昌（右三），周治平（右五）、李金亮（左三），胡世祯（右四）、林丽琼（右二），周运源（右一）、徐亚萍（左一）、温国才（左二）多位老师与当年政经班1982级部分同学在广州留影。第二排左起黄育怀，孔凡金，黄翠怡、黎文婷，刘文彬，蔡林生、周卫，王丹，钟俊玲、郑宇中，曾忠生，郑学峰等

　　2016年11月23日，中山大学1980届政经、商经班部分在广州的同学聚会于广州市珠江新城空中一号31层酒楼。第一排左起蔡祖汉、梁志扬、候远京、陈夫、周运源、张国凡（东道主）、袁树生、廖卫坚、麦洁华、吴若波、梁美莲。第二排左起吴细如、周淮、曾运祥、陈启民、江杰锋、蔡诚荣、余伟英、路子平、林肖英、郑曼夏、王慧梅、朱丽珍、曾运开、谭文梅、邓瑞兰、姜伟军27位共聚同学情。（姜伟军摄）

　　有诗为证：

　　　　　　　　秋意未竟尚余暖，同学聚首空中阁；
　　　　　　　　万语千言道不尽，同学情谊似天高。

　　1987年8月间，为拓展澳门社会科学学术界与内地的交流与合作，澳门社会科学学会代表团一行先后访问了中山大学、暨南大学和广东省港澳研究中心等单位。上图为代表团访问中山大学时的留影。

　　图中前排右起：第一人为时任广东省社会科学联合会主席张江明，第二人是时任澳门社会科学学会会长黄汉强，第三人为广东省港澳研究中心主任占念良，第四人为澳门文化司官员，前排左起第二人为中山大学副校长胡守为教授；第二排左起第三人为澳门杨允中先生，第四人为暨南大学特区港澳经济研究所所长陈肇斌教授；第三排右起第一人为澳门的魏美昌先生，第三人为中山大学港澳研究所副所长雷强教授；第四排左起第一人为中山大学的吴福光教授；第五排左起第一人为中山大学港澳研究所张仲深教授，第三人为中山大学港澳研究所郑天祥教授；第六排第一人为供职于暨南大学特区港澳经济研究所的周运源，第二人为供职于暨南大学特区港澳经济研究所的胡幼青先生；等等

# 前　言

　　从某种意义上说，本书多少具有某些特点：一是笔者从事经济研究中早期涉及探索问题并提出的认识。在本书前部分的研究论文中，收入的是笔者较早涉猎研究领域的早期作品（成果），包括那个时期从事研究的个案的分析和梳理；二是新时期笔者所做的后续研究也是多少有一定的持续性。特别是近年来参与多领域研究成果展现，包括有的获奖作品。三是笔者作为社会成员，以多视角观察、了解并关注社会后做出的认识，体现的是其负责任的发声。笔者的建言与感言描述，以期展示自己作为研究者融入社会，通过参与社会实践进行不同角度的多元思考，并对所从事研究问题进行的反思或有一定的现实意义。

　　本书的主要内容大体由两大部分和附录部分组成：

　　第一部分是笔者对于以往探索与研究的反思性考量（即第一章到第十六章）主要描述的是笔者对于过往进行专业领域思考的相关论述及观点，如今信手拈来权作梳理或归类总结，当然，不少地方仍然是可以也应当可再讨论、评论及至再行商榷的。

　　第一章到第七章。这部分主要是关于经济问题（指香港回归前对香港失业问题及回归后对于香港特区基本矛盾）探讨与研究的梳理，对今天香港社会的现实仍有借鉴方面的启示。笔者针对所从事的港澳经济研究、特区和开放区等的研究，进行巡礼性的梳理，试图检索笔者多年来从事这些方面研究的点点滴滴，尽管从现在来考量，这些研究和探讨不一定谈得上分析到位，但毕竟是通过笔者思考后的认识，也可视为在研究中继续提高再认识的过程。

此外，本部分还讨论了有关粤港澳台经济联系合作的问题，包括对加强粤港之间的科技联系和合作，香港制造业和粤港产业协调合作发展的分析，香港回归以后由于坚持落实"一国两制、港人治港、高度自治"的基本方针、强化粤港合作促进经济社会稳定繁荣发展等。同时也探讨了香港在两岸的中介作用问题，研究了澳门回归与珠澳互补发展以及澳门的特殊条件与内外经贸合作等问题。

第八章到第十一章。主要是关于区域经济方面的研究与探索。在集中讨论区域经济发展中中国经济特区的建立和发展，与国外的经济特区发展的比较，探讨了中国经济特区发展的周期性问题。笔者在论述中提出的关于中国经济特区应选择分类发展的观点，其实在近年来创建的中国（上海）自由贸易试验区、广东的深圳前海以及珠海横琴和广州南沙自由贸易试验区的建立和发展，可能就是很好的案例。在对区域经济发展的讨论中，还对经济特区的经济成长与教育的发展，特别对经济教育领域的率先改革，对于特区经济的可持续发展进行了探讨；对推进循环经济的发展中应考虑注意的若干问题进行了分析；以及初步研究了广州从沿海开放城市到现代化国际大都市的建设和发展问题。特别从区域经济发展的角度探析了20世纪90年代香港资本流向对广东的影响问题。

第十二章到第十六章。主要关于对外开放和价格改革、股份制和期货市场等方面的研究。从发展中国家对外开放的发展历史出发，讨论了必须在健全法律制度上保证对外开放的实施问题。同时结合广东实际，描述了广东开展国际问题研究所取得新进展的状况。这部分笔者还探讨了以企业行为为中心内容的价格体制架构的早期认识，以及笔者对改革开放中价格"闯关"时，我国价格体制改革，引入期货市场和试行股份制中应注意的几个问题等做出分析。以上所有内容，都先后在相关的刊物上发表过。

第二部分的主要内容是关于新时期经济发展的探索。(即第十七章到第二十二章)。主要是近年讨论命题,集中讨论了广东新时期经济转型发展中的若干问题,包括粤港澳经济合作中的问题。笔者从发展理念的分析作为切入点,重新梳理了对外开放发展在特定时期发展的由来,特别是我国改革开放以来的发展态势,结合"十三五"发展规划的新要求,对粤港澳地区开放发展理念进行新的分析。在此基础上,对新时期全面推进供给侧结构性改革,深化粤港澳经济合作特别是粤港澳大湾区建设等进行了思考。笔者还从广东"十三五"规划要求出发,结合实施创新驱动发展战略,论述新时期珠三角与粤东西北共同激励发展的内外因素,通过分析提出新时期实施珠三角创新驱动发展战略促进区域经济发展的看法。

附录部分主要收入对于在高校设立相关研究院的建议,广东省省情研究中心的约稿中对于广东省、广州市相关问题所提出的建议,包括笔者应邀出席学术研讨会所做的获奖感言等。

# 目 录

## 第一部分 以问题为导向的探讨与分析

**第一章 关于香港问题的探讨** …………………………（3）
　　第一节 香港的失业问题不容忽视 …………………（3）
　　第二节 "九七"后香港社会基本矛盾分析 …………（6）

**第二章 粤港经济合作问题探讨** ………………………（9）
　　第一节 粤港经济合作谱新篇 ………………………（9）
　　第二节 香港制造业和粤港产业协调发展研究 ………（13）

**第三章 港澳在两岸经济关系中的中介作用探讨** ……（20）
　　第一节 港澳台地区密不可分的特殊关系 …………（20）
　　第二节 经济发展与政治协商互动 …………………（22）
　　第三节 经贸、文化和科技等交流合作出现新格局
　　　　　　………………………………………………（24）

**第四章 澳门回归与珠海、澳门合作互补** ……………（27）
　　第一节 把握机遇，提升合作层次 …………………（27）
　　第二节 珠海、澳门合作中应重视和解决的问题 ……（29）

**第五章 澳门的特殊条件与内外经贸合作** ……………（33）
　　第一节 拓展与欧洲的交流合作 ……………………（33）

第二节　穗澳交流与合作 …………………………… (37)

**第六章　中国经济特区发展周期的国际比较** …………… (41)
　　第一节　考察经济特区发展周期的基本点 ………… (41)
　　第二节　影响中国经济特区发展周期的因素分析 …… (43)
　　第三节　建立适合中国经济特区发展周期的模式 …… (44)

**第七章　经济特区的经济成长与教育发展** ……………… (46)
　　第一节　特区教育与特区经济成长的关系 ………… (46)
　　第二节　特区教育事业发展的若干特点 …………… (48)
　　第三节　进一步拓展特区教育的思考 ……………… (50)

**第八章　论区域经济发展中的循环经济问题** …………… (53)
　　第一节　更新国民理念，发展循环经济 …………… (53)
　　第二节　发展循环经济应当注意的问题 …………… (54)

**第九章　从沿海开放城市到现代化国际大都市** ………… (58)
　　第一节　广州经济社会发展提供的重要基础 ……… (58)
　　第二节　国际经济发展的要求与广州自由港的拓展
　　　　　　………………………………………………… (61)
　　第三节　从开放城市到自由港再到国际化大都市发展
　　　　　　………………………………………………… (63)

**第十章　珠三角一体化中的粤港澳合作** ………………… (66)
　　第一节　全面推进区域一体化的重要举措 ………… (66)
　　第二节　实施《规划纲要》粤港澳合作的切入点 …… (67)
　　第三节　实施《规划纲要》的机遇及应对策略 ……… (69)

## 目 录

**第十一章 香港资本流向对广东的影响** ………………(71)
    第一节 香港资本进入广东的内外动因 …………(71)
    第二节 香港资本流向对广东经济发展的影响 ………(73)

**第十二章 发展中国家对外开放的研究** ………………(76)
    第一节 发展中国家对外开放的特点、内容 ……(76)
    第二节 发展中国家对外开放理论与实践的启示 ……(80)

**第十三章 研究国际问题，探索发展态势** ……………(83)
    第一节 研究与探索的主要特点 …………………(83)
    第二节 广东对国际问题的研究应当重视的若干问题
    …………………………………………………(86)

**第十四章 关于价格改革研究** …………………………(88)
    第一节 我国价格体制改革中应注意的几个问题 ……(88)
    第二节 论以企业行为为中心内容的价格体制 ………(92)

**第十五章 试论股份制中应注意的若干问题** …………(99)
    第一节 试行股份制要注意结合实际，有的放矢 ……(99)
    第二节 必须处理好金融和法律问题 ……………(100)
    第三节 必须加强进行股份制的理论探讨和宣传工作
    …………………………………………………(102)

**第十六章 关于期货市场的探讨** ………………………(104)
    第一节 关于建立广东商品期货市场的建议 ……(104)
    第二节 广州期货面面观 …………………………(107)

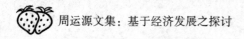

## 第二部分 关于新时期经济发展的探索

**第十七章 创新开放发展，推进粤港澳深度合作** ………（115）
 第一节 开放发展对促进经济社会运行的实践意义
  ………………………………………………………（115）
 第二节 "十三五"发展规划的新要求 ……………（118）
 第三节 深化粤港澳经济合作 ………………………（120）

**第十八章 珠三角实施创新驱动促进区域经济发展** ……（127）
 第一节 "十三五"规划与广东创新驱动发展 ……（127）
 第二节 更新理念，增强激励功能 …………………（130）
 第三节 深化改革开放，推进区域经济持续发展 …（132）

**第十九章 创新驱动与广东改革开放新发展** …………（139）
 第一节 "五大发展理念"与广东改革开放发展 …（139）
 第二节 广东创新驱动发展中的粤港澳合作 ………（141）

**第二十章 粤港经济合作的反思与前瞻** ………………（150）
 第一节 粤港经济合作发展的反思 …………………（150）
 第二节 粤港经济合作发展的前景探讨 ……………（155）

**第二十一章 推进广东农业供给侧结构性改革探讨**
 ………………………………………………………（165）
 第一节 广东农业供给侧结构性改革的要求 ………（165）
 第二节 新时期推进广东农业供给侧结构性改革的思考
  ………………………………………………………（166）

**第二十二章 大湾区建设与深化粤港澳经济合作新发展** ………………………………………………（176）
 第一节 实施新发展理念，国家发展要求的新部署 ………………………………………………（176）
 第二节 世界湾区发展的分析 …………………（177）
 第三节 深化合作，促进粤港澳大湾区发展 ………（183）

**附录一：建言与感言** ………………………………（190）

**附录二：山高水长　师恩难忘** ……………………（215）

**主要参考文献** ………………………………………（222）

**后　记** ………………………………………………（225）

# 第一部分
# 以问题为导向的探讨与分析

# 第一章　关于香港问题的探讨

## 第一节　香港的失业问题不容忽视

有人认为，香港近期的失业问题不算严重。笔者认为这是一个不容忽视的问题。根据近期《恒生经济月报》的资料显示，1995年以来香港的失业率持续升高，已从1994年年末的2%升至1995年第一季度的3%，成为1995年香港失业率的最高点。有关人士预测，1995年香港的失业率极有可能达到3.2%（而1994年同期只有1.9%），如果不把3万多外劳和10多万菲佣作为失业率的基数，则香港的失业率将高达3.5%。（《华南经济新闻》，1995年5月31日）据官方统计，目前，香港的失业人数已经达到30万，约占全香港劳动力的1成。而且香港的失业潮已呈蔓延势态，从制造业涉及服务行业、家电、报业等。尽管对于世界的经济发达地区而言，香港近期的失业率并不属于最高，就香港本身来说，已经引起各阶层的极大关注，成为香港近期沸沸扬扬的热点。综观香港失业率升高状况，主要原因有：

### 一、香港工业特别是制造业的大量转移，所带来的影响作用

众所周知，中国实施改革开放以来，港澳地区率先把工业制造业等转移到大陆的广东和福建，继而又扩展到大陆的内地省份。据相关资料，截至1994年年底，在中国内地投资的150多

个国家或地区中,港澳地区的投资数量为最多,设立的企业达到 125959 家,实际投资额达到 64759 万美元,占中国内地实际利用外资总额的 62.38%。(《粤港信息日报》,1995 年 6 月 16 日)而其中香港厂商在中国内地设厂数已超过 8 成,港资企业数已达 10 万家。约占中国内地外资企业数的 66%。(《港澳经济》,1995 年第 2 期)为此,香港制造业的大规模迁移,不能不造成本地就业需求比例的失衡。

## 二、香港经济结构的转型,不可避免带来就业需求的比例失调

香港制造业的大规模转移,为香港进行经济结构转型提供了良机,应该说某种程度上促进了香港商贸、金融及其他服务业的进一步发展。然而,由于香港政府奉行的"不干预"的政策,香港经济结构的转型(主要是产业升级)主要由工商企业主,根据市场变化的要求自作主张进行调整的,而企业家采取"急功近利"的短期行为(维持现有的仍能获取相应的利润),大大延缓了香港经济结构转型的进程,这状况对吸收香港本地劳工打了折扣。这无疑成为香港失业率升高又一原因。

## 三、输入外劳的冲击

应当肯定,香港立法局颁布的输入外劳的政策的实施,对于缓解香港某一特定时期的劳工短缺起到一定的积极作用,但是也同样不可否认带来负面影响。导致香港的失业率升高,而且从实际操作上看来,输入外劳被香港劳工阶层认为是与自己"争饭碗",进一步加剧了香港的就业竞争,加上雇佣非法劳工,情况就更为严重。

当然,香港失业率升高还与香港通胀率的连续高企有密切的关系。据有关资料,1993 年香港的通胀率仅为 7.5%(全年平均

# 第一章　关于香港问题的探讨

数，下同），而1994年升高到8.1%，今年的通胀率不少权威人士预测为8.5%以上。

"九七"临近，香港社会、政治、经济的发展变化令人瞩目，因此，香港失业率升高问题应予以高度重视。

一是香港失业率升高，是继续保持香港的稳定与繁荣的不利因素。世界经济社会发展的事实证明，过高的失业率，以及由此引起的一系列问题，是造成社会不稳定的重要因素，社会秩序不稳定，又直接影响到社会经济应有的良好发展，因此，"九七"后香港社会经济秩序的良好有序进行，是在香港实施"一国两制"，顺利行使主权以及保持香港稳定繁荣发展的十分重要的条件。

二是"积极不干预"中有适度的必要的干预，并且切实落到实处。1995年6月初，香港当局面对连续升高的失业率，不得不举行"失业问题"的高峰会议，并制定颁布从短期、中期和长期解决香港失业问题的十三条对策。（《华南经济新闻》，1995年6月7日）笔者认为，这些条款不应束之高阁，也不能"只听到打雷声，不见下雨"，而应当切实操作到实处。

三是加快经济结构转型，进一步提高经济增长率。尽管香港的失业率升高的原因来自多方面，然而不能否认1994年年底以来，香港经济发展速度的放缓对此产生的影响。据有关资料显示，1995年第一季度香港的经济增长率比较1994年同期增长不到1个百分点，因此，香港当局应该采取更为可行的政策和措施，影响和加快本身经济结构的转型，进一步强化金融、商贸旅游等服务行业的作用，以实现经济更高的增长，才能从根本上抑制香港失业率的升高。

（本文原载《香港情况通讯》1995年7月6日第7期）

# 第二节 "九七"后香港社会基本矛盾分析

## 一、社会基本矛盾与主要矛盾的界定

### (一) 一般的定义

按照经典作家的论述,一个社会的基本矛盾主要是指贯穿于该社会发展过程始终并且决定着该社会发展的基本性质的矛盾,例如,在社会主义社会的初级阶段,人们日益增长的物质文化的需要同落后的社会生产力之间的矛盾,就成为社会主义社会初级阶段中的基本矛盾。而一个社会的主要矛盾,则是指在该社会发展的某一时期的众多矛盾体系中,有一种处于支配地位的矛盾,这种矛盾的存在和发展,规定或者影响着其他矛盾的存在和发展,这种对一定社会事物的发展变化起着决定作用的矛盾,就成为主要矛盾。

### (二) 判断上述两类矛盾的标准

按照上述的一般定义,我们可以知道,在一定的社会形态中,既存在反映该社会基本性质的基本矛盾,也同时存在着该社会在不同的发展过程中的主要矛盾和次要矛盾。在人类社会发展的历史长河中,尽管先后经历过多种不同的社会制度,但是"人们日益增长的物质文化的需求与社会供给之间的矛盾"是不以社会形态的差异而转移的,因而是人类社会共有的基本矛盾。无论是资本主义社会,还是社会主义社会,无论是在主权国家或地区,还是在非主权国家或地区。而且不管是过去、现在还是将

# 第一章 关于香港问题的探讨

来,这基本矛盾存在并发挥重要作用。不同社会制度下这基本矛盾的差别主要表现在社会生产(供给)与需求之间矛盾的程序不同而异。由此可见,基本矛盾是时间、空间上的统一。而主要矛盾与次要矛盾则不同,它要受到一定社会不同发展阶段的制约,并且具有替换性,在一定阶段是主要矛盾,由于制约矛盾的条件的改变可能成为次要矛盾,次要矛盾也可能上升为主要矛盾。

## 二、"九七"后香港社会基本矛盾的判断

众所周知,经过 100 多年来的发展,香港已经成为国际金融、贸易、航运和信息等中心地。香港是一个主权国家中的一个地区,从 1997 年 7 月 1 日零时起,她将是一个在主权国家管辖下的特别行政区,社会主义的中华人民共和国恢复行使主权。按照上述对社会基本矛盾的界定标准,我们认为,香港社会的基本矛盾可以表述为:香港特别行政区居民日益增长的物质文化需求与香港本身社会生产与供给之间的矛盾。主要理由如下:

(一) 1997 年 7 月 1 日零时后由中国恢复对香港行使主权,并不影响这一特区社会基本矛盾的存在和发生作用

中华人民共和国恢复行使主权后,香港特别行政区的具体运作,是严格按照中英关于香港问题的联合声明和《香港基本法》规定的,实行高度自治、"港人治港",香港现有的社会经济制度保持 50 年不变。因此,1997 年 7 月 1 日以后香港仍然是按照这一"游戏规则"运作,那么,1997 年 7 月 1 日以后香港社会基本矛盾的上述表述,就应该是成立的,也是站得住的。

**（二）把香港居民日益增长的物质文化需求与香港本身社会生产与供给之间的矛盾，也是符合社会矛盾发展规律**

作为1997年7月1日以后香港社会的基本矛盾，既有共性的一面，又有特殊性的另一面，这特殊性又主要是由于香港特区社会经济发展的国际中心地的地位和作用决定的，香港经济发展中社会需求和供给日益现代化、国际化发展，香港自由港的资金、物资、人员及劳务等自由地流动，使其社会需求与供给之间有可能基本上得到保证。

**（三）1997年7月1日以后，香港社会基本矛盾的正确认识和妥善处理，直接影响到香港特别行政区的繁荣与稳定**

正是从这个意义上讲，是否正确认识、判断"九七"后香港社会的基本矛盾，是能否科学地认识、判断和恰当地解决香港社会其他矛盾的关键问题。因此，我们不妨以反证角度来认识，就是说如果1997年7月1日前香港的社会经济制度都能够基本适应其生产力发展的要求，那么，没有理由认为1997年7月1日后香港特区的社会经济制度就不能适应香港本身生产力发展的要求了。只要我们充分认识和了解港情，务实、宽容、团结，既高度灵活又不离基本原则，真正不折不扣贯彻《香港基本法》，落实"一国两制、港人治港、高度自治"的基本方针，那么，1997年7月1日以后我们所面临的香港特区的各种矛盾与问题就能迎刃而解，继续保持香港的稳定繁荣就能落到实处。

（本文原载《港澳情况通讯》1996年3月4日第1期）

# 第二章 粤港经济合作问题探讨

## 第一节 粤港经济合作谱新篇

[编者按] 香港回归祖国后，粤港两地的经济合作进入了新的发展时期。粤港合作联席会议的召开，为两地的经济合作开启了更广阔的空间，使之上升到更高的层次和水平，很多领域的合作都出现了新局面。借庆祝香港回归祖国一周年之际，本章把粤港两地在几个主要经济领域的合作新成果介绍给读者。

香港回归祖国一年来香港开局良好，经济社会运作正常，联系汇率制度经受了亚洲金融风暴的冲击，仍然坚如磐石。香港作为中国的特别行政区，除继续发展与世界有关国家或地区的经济贸易往来外，与内地特别是广东的联系和合作更是与日俱增。

粤港合作，源远流长，中国实行改革开放以后，粤港的联系与合作大体可分为三个主要时期：一是改革开放初至20世纪80年代末，香港企业北移内地特别是广东的珠三角地区等地，香港的资金、技术设备等与广东的土地、劳动力等资源合作，创造了"前店后厂"的合作模式。二是90年代初期至1997年上半年，粤港在制造业合作的同时，向服务业等方面合作拓展。合作的规模进一步扩大，合作的层次、水平都有所提高。三是1997年7月1日以来，粤港无论是在合作领域，还是合作形式都发生了新变化、科技、教育等方面的合作被摆到议事日程,而且,已从过去多限于民间的合作逐步转向政府间高层次有意识的合作。1998年3月30日,粤港合作首次联席会议在广州召开,在这次会议上,双方的政府高层就目前共同关心的经济商务、科技、人才和口岸管理3个方面的联系合作达成了共识,为今后双方的全面合作开辟了更广阔的前景。

与粤港政府间的高层协议相联系,粤港两地学术界也对粤港合作进行了深入探讨。例如,1997年年底由中山大学港澳研究中心等单位联合召开的"香港与珠江三角洲发展研讨会",1998年春由广东国际综观经济研究会等单位联合召开的"一国两制与港澳经济发展研讨会"等,粤港两地的专家、学者和工商企事业界人士从不同的层面,共同探讨了香港回归后粤港合作的问题和前景。

事实上,香港回归祖国,为新时期粤港全方位的联系与合作提供契机。尽管受到亚洲金融危机风暴等因素的影响,1997年广东对香港的进口额略有下降,然而,广东对香港的出口贸易仍有不小的升幅。1997年广东对香港的出口贸易额达到291.85亿美元,比上年同期增长34%,特别是1998年第一季度广东对香港的进出口贸易额仍达到8.77亿美元和66.4亿美元,分别比上年同期增长11%和12%。

粤港基础设施方面的合作也大有进展。例如,接驳香港屯门的珠海伶仃洋大桥已于1997年12月获国务院正式批准立项,在有关部门的大力支持下,深港衔接中的铜鼓航道、西部通道和地铁衔接等项目都先后取得立项并有实质性的进展。

工业合作在原来"前店后厂"模式基础上继续发展的同时,又拓展了利用香港的资金、技术、管理经验改进与广东国有企业的合作新空间。科技方面的合作已列入双方政府高层的议程。在广州、深圳和珠三角其他地区,一些鼓励粤港科技合作的政策正

## 第二章 粤港经济合作问题探讨

在酝酿,一批合作协议也已签订。

广东实施的"港澳菜篮子工程"也卓有成效。据资料显示,1997年广东供港澳鲜活冷冻商品的出口收汇额达到3.54亿美元,对比1996年增长了3.1%。

党的十五大和广东省第八次党代会精神的贯彻落实,为新时期粤港合作上水平提供了保证,粤港携手合作、优势互补,将成为广东增创新优势的重要内容。

1998年广东经济增长率达10%的要求,同期香港经济增长4%~5%的计划将推动粤港互利互补,共同繁荣。

粤港合作联席会议首次会议的成功举行,以及双方制定今后对会议要求的实施,将以强劲的活力推动粤港合作迈向新台阶。1998年年初,香港规划环境地政局在其公布的2011年香港发展策略的报告中表示,将全面考虑香港与珠江三角洲在社会经济各方面的互动关系。

1998年年初,新的鼓励外商、港商投资政策的贯彻实施,以及广东投资环境的进一步改善和优化,将为粤港新时期的投资合作带来新的契机。粤港联手发展高新技术,将成为广东寻求新的经济增长点的重要方面。广东省委、省政府十分重视粤港加强合作,发展高新技术,要求利用香港的资金、技术设备等优势,结合广东科技人才资源丰厚的优势,在科技联系与合作中走出一条具有粤港特色的科技发展新路子。香港特首董建华在上任后发表的第一份施政报告中指出,香港要想保持国际市场上的竞争力,就要研究高科技,调整经济结构,提高工业新产品及其附加值。粤港合作联席首次会议又共同提出,要把科技人才方面的合作为重点内容,这更为粤港科技合作注入的新的活力。

香港回归一年来,粤港在加强联系与合作、发展高新技术方面有着积极的表现。例如,由国家科学技术部和广东省科学委员会先后组织实施,粤港两地专家学者共同完成的研究报告《内地香港生物医药领域合作发展战略研究》和《香港科技及高新技术产业发展研究》，得到粤港学术界、工商界的较高评价，有力地推动了粤港科技联系与合作向纵深发展。香港与内地特别是广东人才呈双向弹性流动政策的进一步放宽，也极大地方便了科技人员进行交流。

又如，1998年年初广州地区重点院校的校长与香港高校的校长聚首羊城，共同探讨拓展粤港（穗）高新技术园区的方案。近日，穗港科技合作协议签字，双方将大力推进两地大专院校科研机构和企业之间的交流与合作，并对沿港九铁路建设科技走廊表示了极大的兴趣。中山、珠海也放宽政策，进一步优化高新技术产业开发区的投资环境，以吸引港澳资本进入。深圳还提出在深、港边境两侧建立高新技术园区，建立与高新技术产业粤港合作风险基金，建立粤港高新技术产业的中试基地，建立高新技术信息网络等多个高新技术合作项目。

（本文原载《南方日报》1998年7月2日）

## 第二节 香港制造业和粤港产业协调发展研究

### 一、香港制造业在整体经济发展中的重要作用和主要存在问题

(一) 重要作用方面

第一,制造业在香港本地生产总值中占据重要地位,起着重要作用。近年来,香港由于在住房、办公设备、原材料等成本受周边经济发展影响上升,从而降低了香港产品的竞争力。第二,近年来香港金融、信息、服务行业等的较大发展,吸引了大批的人才进入,造成从1987年以来,香港的制造业一直占香港本地生产总值的前茅,只是1988年被商业批发销售进出口贸易超过,退居第二位。1989年又被金融、保险、地产业超过退为第三位,1992年又继续下降为第四位,但仍然占有一定的、不可忽视的地位和作用。1993年香港制造业占本地生产总值的11.1%,1994年为9.3%。而且,香港制造业为香港600多万居民提供了44万个就业职位(1994年的数据)。当然,最高峰时的1988年曾创造近100万就业岗位的业绩,只是后来的变化,服务业发展快于制造业。由于转移就业岗位,再加上对内地迁移等原因,才使制造业的就业人数有所减少。第三,香港制造业为金融、地产、商业服务业的扩展提供了需求。人力资源和技术帮助,促进了这些行业的发展。第四,香港制造业的发展促进了香港产品出口值的增加,如1960年香港产品的出口值为28.67亿港元,而

周运源文集：基于经济发展之探讨

且同时失业率达3%左右（1995年曾达到3.5%的失业率），其中包括由于工人选择就业报酬工资标准的要求高；而有一部分不愿就业的部分，并非在香港制造业中无工可做而失业的。因为：一是海外市场保护主义和新兴工业国家制成品的竞争，致使香港产品出口受阻碍。1992—1994年仅香港产品出口西欧地区市场的数值连续3年下降，从而在一定程度上影响到香港制造业的发展。二是"空心论"的影响。香港制造业得中国内地的改革开放风气之先，大量转移其工业到内地，使本港制造商品生产工序绝大部分转移，留在本港的仅是工厂的设计研究等。据《香港经济年鉴（1996）》的资料显示，目前，香港已有塑胶业、电子业的8成半至9成，玩具业和钟表业的9成以上的工厂或者加工工业已转移到广东省的珠江三角洲地区，香港厂商已在珠江三角洲地区举办了"三资"企业，其产品出口值1960年仅有28.67亿港元（1992年企业23000多家，"三来一补"企业增加到2341.23亿港元）。而在1994年为2221亿港元。三是香港制造业的发展，吸引了海外投资的增加。1994年年底海外投资香港制造业的厂家达424间，雇工人数过6.8万人。（以原来成本计算）外来投资总额超过439.69亿港元。（1994年的数据）在香港制造业中，外来投资最大的是日本、美国、中国、英国及荷兰等国家。四是香港制造业的发展促进了香港工业的升级换代。如80年代以后一种新型的连系工业开始在香港制造业出现。连系工业使香港不再只是从事简单的零配件装配工业，而逐步转向制造较精密的制成品。（所谓连系工业是指将进口原料制成半成品、配件、零件、局部组装件，然后出售给其他本港的制造商，或在生产过程中使用，或成为制成品的一种工业生产形式）

（二）香港制造业存在的主要问题

首先，由于成本上升大，削减了制造业的利润。例如80000

第二章 粤港经济合作问题探讨

多家的制造业，共吸纳了内地400多万的劳工。本来，香港制造业的工序转移内地，正好为本地制造商更好地提高产品档次、升级换代，加快制造业的转型提供了有利条件，但有的制造商却急功近利，不愿意花资金、技术进行转型升级的长远投入，这就不能不影响到香港制造业长远的发展。

其次，香港高新技术工业的发展尚待进一步重视和加快发展。香港要不要发展高新技术工业，这是较长时期一直有争议的问题：一种意见认为没有必要，也不可能，理由是香港厂商多追求急功近利，目前香港厂商的经营运作（特别是在内地的运作）仍然有利可图，何苦花大本钱去搞高科技呢？而且多数厂商不愿冒发展高科技高投入的风险。另一种意见认为，香港地区发展高科技应视为当务之急，而且也是可能的。因为未来香港经济继续繁荣，不能离开高科技工业的发展。不发展高科技，不进行工业升级，就没有出路。

## 二、香港制造业的未来发展

长期以来，香港制造业的发展方向问题引起人们的不少议论，为继续保持香港制造业的发展后劲，香港政府已做出若干主要援助措施：

（1）为制造业的再创辉煌提供辅助。香港政府已做出承诺，为制造业今后发展提供基本设施等方面的投资，并提供各种服务，通过提升制造业的生产力水平，增强香港制造业的国际市场竞争力。

（2）兴办工业村，为香港制造业的发展提供后备基地。香港政府已先后建立了大埔、元朗和将军澳3个工业村，并已计划发展第四个工业村，这为香港制造业的发展提供进一步拓展的环境。

（3）推行工业支援资助，在1995—1996年香港政府已拨出

2.1亿港元，专门扶持香港工业机构、高等院校、专业团体及研究机构推行的支持工业发展的研究项目。

（4）成立工业科技中心及鼓励新科技在香港制造业中的应用。香港政府已于1993年6月1日成立香港工业科技中心，拨地5713平方米，拨款2.5亿港元及贷款1.851亿港元，扶持工业科技中心的建设。

（5）设立香港科学园，促进香港制造业的升级换代，港府已于1994年10月委托顾问公司，对设立科学园进行了多期的研究、论证和咨询等工作，初步选址在香港大埔的白石角设立。

（6）进一步完善投资环境，继续吸引海外资本对香港制造业的投资。上面已提到，海外投资对香港制造业发展日益起着重要的作用，今后香港制造业的发展绩效，在一定意义上仍取决于香港制造业继续吸引海外投资扩展的程度。

### 三、产业结构演变规律对香港的特殊意义

一般来说，一个国家或地区的经济发展中其产业结构的演变均有必然的发展规律。产业结构的构成由开始的第一产业为主，逐步转变为第二、第三产业为主。据有关资料显示，在世界范围内的产业结构演变过程中，老牌的资本主义发达国家或地区，其国民经济结构由第一产业为主演变为第二产业为主，再到第三产业为主，先后经历了150～200年的时间，而后起的资本主义国家或地区实现这一转变，只经过了70～80年时间，而一些新兴的工业化国家或地区（NIC），由于在产业结构演变过程中，实施了有效的政府干预经济的产业倾斜的政策，使其产业结构的演变只花了20～30年就完成了以第二、第三产业替代第一产业的转变。而香港由于其特殊的地理、历史和社会等条件，使香港的产业结构的演变成为世界产业结构演变规律中的一个特例。清政府割让香港前，香港地区主要从事农业、渔业生产，鸦片战争

第二章 粤港经济合作问题探讨

后,英国先后以《南京条约》《北京条约》《中英拓展香港界址专条》3个不平等条约侵占了香港,并于1841年6月7日宣布香港为自由港,主要从事商品进出口的转口贸易业务。这使香港的产业结构由第一产业直接转入第三产业为主的发展。事实已经证明,香港与新加坡一样,作为海岛型的地区或国家,由第一产业直接转入转口贸易为主的第三产业的发展,再以进口、出口和转口贸易的需求拓展出口导向型工业,使本身的制造业基本上是按第三产业的需要拓展,直接或间接为第三产业服务的行业得到扩充和发展。由此可见,香港的产业结构演变是世界产业结构演变规律中的特例。今天,香港三大产业的构成已变为0.2∶16.8∶83.0(按GDP之比)。因此,香港的产业结构是否科学、合理,是否与香港的生产力水平相适应,直接成为今后继续保持香港稳定与繁荣的重要内容。我们认为一个以第三产业为主导,第二产业为基础,产业多元化的相互依存、促进、共同发展的产业结构,应当成为"九七"后香港产业构成的最佳选择。

### 四、"九七"后粤港产业协调发展的对策研究

(一)调整相关政策,吸引港资投入,共享拓展广东社会化大农业,特别是"三高"农业的成果

众所周知,香港第一产业已到了最大的极限,而广东及其腹地则大有发展的前景,特别是"高产、高值、高效"农业。因此,如何调整相应的政策,吸引港资前来投资拓展广东的大农业仍大有可为。前一时期尽管已有外商前来试验在广东发展"三高"农业,然而仍然是少数的、局部性的。今后随着广东改革开放的继续深化,应继续把引入港资发展"三高"农业的范围扩大,包括通过必要的预测及估算,适时调整相关政策,使港商投入广东大农业,特别"三高"农业的资本回报率不低于投资

其他行业，以此进一步推动粤港各层次产业的协调发展。

(二) 粤重工业、粤化学工业急需拓展，引港资大展宏图

广东省在今后的发展规划中，除了继续发展珠江三角洲经济区外，还要求重点发展东、西两翼的经济。因此，粤港工业方面的合作，除了继续在珠江三角洲经济区的合作中，提升"前店后厂"的层次和水平基础上，应首先考虑在珠江三角洲的经济区中某些高新技术方面的合作，充分利用广东在珠江三角洲经济区所建立的工业条件，发挥广东实施"火炬"计划等布点中拓展高新技术优势，全面提高粤港科技合作的新水平。与此同时，重视结合拓展粤东、粤西两翼工业发展的实际，采取切实可行的政策和措施，吸引香港资本前往东西两翼开展新的工业项目的合作，特别是拓展类似重、化学工业等基础工业方面的合作。自80年代中期以来，港资参与广东工业特别是电力、交通、通信等基础工业的投资，已有所收获并积累了经验，因此今后粤港基础工业合作的前景十分广阔。只有基础工业得到应有的发展，才能为新时期的粤港工业合作提供应有的后劲。

(三) 进一步放宽政策，吸引港商强化与广东的金融、信息、商贸等第三产业的协调发展

香港发达的第三产业使其在香港整体经济发展中居于举足轻重的地位和作用，曾被世界经济报告中称为"高度发展的服务型经济"。随着香港制造业北移内地与制造业相配套的商贸、金融、信息等第三产业也相应进入，这为粤港拓展第三产业的联系和合作提供了又一契机。前一时期我国对境外第三产业特别是商贸、金融等前来投资有关政策的松动，促使香港资本的进入已有实质性的突破。今后的主要问题是在巩固前期引入港商注资拓展

## 第二章 粤港经济合作问题探讨

商贸、金融、信息等第三产业的基础上，继续适时放松有关的政策和措施，包括适时颁布市场准入等有关政策，相机扩大香港等境外资本注入第三产业的范围或规模。无疑，"九七"后拓展粤港第三产业的联系和合作，对于继续保持香港作为国际贸易、金融、信息和航运等中心的地位与作用，有着十分重大的历史和现实意义。

（本文原载《广东经济》1997年第3期）

# 第三章 港澳在两岸经济关系中的中介作用探讨

在 20 世纪的最后几年,中华人民共和国顺利实现对香港、澳门恢复行使主权。这是人类社会发展史上有着特殊意义的重大事件。香港、澳门回归祖国进入了 21 世纪的平稳发展,无疑为我国成功实施"一国两制"实现中华民族的完全统一提供了举世瞩目的范例。因为香港、澳门问题的解决,不仅使香港、澳门的历史翻开了崭新的篇章,而且对在新的历史时期继续发挥香港、澳门在两岸经济关系的中介作用,早日实现祖国的统一颇具重要的历史意义和现实意义。

## 第一节 港澳台地区密不可分的特殊关系

众所周知,台湾与香港、澳门一样,同祖国大陆同根、同族,有着血浓于水的亲密关系,相同的历史文化、语言习俗把海峡两岸和香港、澳门的人缘亲缘,紧紧维系在中华民族的大家庭中。尽管香港、澳门和台湾现行的是与大陆不同的社会政治制度,但是所有炎黄子孙的亲情是不会因为所处的社会政治制度的不同而受到影响的,而且香港、澳门已经实施"一国两制""港人治港""澳人治澳",党和国家领导人多次重申在坚持一个中国的原则下,通过对话谈判、协商最终实现中华民族的完全统

## 第三章 港澳在两岸经济关系中的中介作用探讨

一、这无疑为两岸开展经贸等方面的联系与合作提供了基础和条件。事实上,在以往的联系合作中,虽然大陆与台湾尚未直接"三通",然而两岸民间的交往一直不断,而且通过香港、澳门作为中介作用的联系合作始终是得到发展的。据有关资料显示,2000年1月至11月,台湾由香港转口的808亿港元的货品中,运往内地的达到684亿港元,占到85%,这数额也占到同期香港全部转口内地货值的15%,与此同时,由内地经香港转口到台湾的商品货值达到142亿港元,占全部转口到台湾货值的46%。总计两岸经香港转口的货值达到832亿港元,约占2000年1月至11月香港总转口值的6.5%。在旅游业方面,台湾旅客经香港、澳门返大陆探亲访友、旅游和经商等近年均有较大幅度的增长,在香港统计署公布的十大旅客市场的名单中,近年来台湾均位居前两名;澳门直航台湾的空中航线开通以来,台湾旅客通过澳门返大陆的人数也在逐年增加。随着中国全方位对外开放的实施,中国第十个五年计划中要求坚持"一国两制",香港、澳门特别行政区"港人治港""澳人治澳",继续保持香港、澳门的持续稳定发展的同时,加强两岸对话,坚持在一个中国原则下,进一步推进中华民族完全统一的进程中,香港、澳门特别行政区将以其贯彻实施"一国两制"的成功范例,对台湾地区产生良好的影响,也必将在早日实现中华民族完全统一中继续起到特殊的重要作用。这方面就连2001年年初来港访问的台北市马英九先生在考察了香港回归祖国后稳定持续发展的状况后,也认为"一国两制"在香港实施得好,对台湾有示范作用。

## 第二节　经济发展与政治协商互动

近年来，随着香港、澳门回归祖国并继续保持稳定发展的势态，两岸关系的问题，早日实现祖国的完全统一日益为世人所关注。朱镕基总理在2001年3月的第九届全国人大第四次会议上指出：我们将继续执"和平统一，一国两制"的基本方针和江泽民主席提出的八项主张，尽一切可能争取和平统一。我们将坚持一个中国原则，在此基础上继续推动两岸对话与谈判，发展两岸的经济文化交流和人员往来。

为此港澳地区不少有识人士也认为，应当在"九二共识"（指1992年的汪辜会谈）的基础上，重开两岸会谈，并且应突破目前两岸局部"小三通"的限制，尽早实现两岸直接的"大三通"，以此提升两岸全方位合作的层次和水平，推进两岸和平统一大业的进步发展。早在20世纪90年代初期我国领导人提出两岸"三通"的主张，当时台湾地区立法机构的225名台湾地区民意代表中有160名（占70%以上）连署一项议案，要求两岸"三通"。而且台湾民众特别是工商企业界要求台湾当局解除限制，尽快实现直接"三通"的呼声日益强烈，这是台湾人民的根本利益的使然，因为直接"三通"不仅有利于台湾同胞与大陆的亲人的来往方便，也同样有利于台湾工商企业界投资大陆的成本的节省和利益的获取。大陆改革开放以来，随着大陆各项吸收台资政策和投资环境的逐步完善，台商在大陆投资十分活跃，尤其是广东省已成为台商投资大陆最为集中的地区，特别是近年来台商投资额无论是协议投资还是实际投资额都有较大的增长，据官方权威的统计资料显示，投资广东的台商盈利面达到

# 第三章 港澳在两岸经济关系中的中介作用探讨

90%以上。到2000年年底的累计,仅广东就批准台商合同12839宗,协议吸收台资192亿美元,实际吸收台资96亿美元。仅2000年,广东省吸收台资的合同额和实际吸收台资额分别达到32.76亿美元和17亿美元,分别比上年增长32.36%和142.86%,2000年广东与台湾的进出口贸易总额达到168亿美元,占到同期广东省进出口贸易额的10%,而台商投资地区的经济贸易、居民生活等同样得到较大的改善。正如大陆和台清工商企业界权威人士所说的,两岸全面直接的"三通",必然带来双赢的发展格局,也是有利于增强中华民族在国际上竞争力的重要举措。既然,为着满足两岸日益扩大的往来和全面进行经贸、投资、文化科技交流合作的需要,两岸直接的"三通"已是大势所趋,然而香港、澳门在两岸中所起的作用层面上,有人又提出这样的担心,即两岸直接"三通"一旦实现,港澳在其中的中介职能作用可能因此受到影响。其实,笔者认为对此必须给予全面的考虑和分析。第一,两岸直接"三通"的认识差别的影响问题。由于对待两岸"三通"的问题,大陆与台湾当局的认识和主张一时还存在差异,直接影响到两岸"三通"的实施。"一个中国,直接双向,互惠互利"是大陆提出直接全面"三通"的主张和原则,台湾地区立法机构则在2000年3月21日通过"离岛建设条例",并于同年做出"三通"(即开放金门、马祖与福建沿海)的评估报告,是以"先货后人、一区一港、定点、定期、定线"为原则的渐进、局部的"三通"方式。台湾当局的这"小三通"原则一出台,就被台湾舆论认为是试图回避一个中国原则下的直"三通"问题;是企图继续拖延两岸直接"三通"进程,也是为了缓和台湾民众和工商界压力的表现的做法。事实上,数十年来两岸同胞一直呼吁直接"三通",绝不是小打小闹的局部的所谓"小三通",而是在认可"三通"是在一个中国的原则下,国家内部协商解决事务的直接的全面

"三通"。由此可见,两岸需要在适当的时候,通过对话、谈判,"三通"从原则、形式和内容,达到"求大同",为此港澳地区在新的历史时期担负着两岸的经贸、投资、文化和科技等交流和合作的中介作用的发挥,则是不言而喻的了。

关于两岸直接"三通"的基础问题。香港、澳门作为我国仅有的两个自由港,它们(尤其是香港)在国际经济联系合作中,在世界经贸交往中的重要地位和作用是举世公认的。同样过去数十年来香港、澳门在两岸经贸关系中所承担的商品(货物)、资金和人员等来往中的特殊的重要作用也是众所周知的。换句话说,香港、澳门在两岸经贸、文化科技等交流合作中重要的中介作用的基础是厚实的。如果说,两岸之间在遵循一个中国的原则下,实现商品、技术和货物等方面的双向联动,互流、互惠、互利的"三通"要有一个逐步发展和完善的基础问题的话,那么香港、澳门在两岸经济联系中的厚实的中介功能,就无疑为两岸直接"三通"进程中提供了时空等方面的优势。一方面,两岸可以直接对话协商,尽快实现直接的"三通";另一方面,在加快两岸直接"三通"的进程中,也为香港、澳门继续发挥两岸交流合作的重要中介作用提供了广阔的空间。

## 第三节 经贸、文化和科技等交流合作出现新格局

随着知识经济在全球的兴起和发展,两岸事实上存在的密不可分的经贸和科技等联系合作关系,将在新时期日益发展成为全新的格局。据有关资料显示,近年来,两岸经济、科技和文化等领域的交流合作以及人员往来,都继续凸显良好的发展,2000

## 第三章 港澳在两岸经济关系中的中介作用探讨

年两岸的间接贸易额首次突破 300 亿美元，台湾同胞前来祖国大陆经商和旅游等的首次超过 300 万人次。在台商投资大陆方面，仅 2000 年 1 月到 11 月份的统计，祖国大陆共批准台商投资项目 2758 个，对比上年同期增长 21.5％，协议投资额达到 34 亿美元，对比上年同期增长 23.6％。

再根据广东省台商投资的资料显示，近年来随着全球知识经济迅速普及，台商投资的行业发生了明显的变化，从开始投资大陆的纺织、制衣、玩具和塑胶逐步转向以电子信息和制造业为主的高新技术产业。

例如，仅在广东的东莞台资企业的 IT 产品产值近年来几乎每年都超过 600 亿元人民币。1999 年 4 家美国公司从台湾的公司购买了价值 150 亿美元的信息产业产品。其中有三分之一来自台湾在大陆开办的企业。而 2000 年的情况又有了进一步的发展，据台湾"资策会" 2000 年 11 月份资料显示，中国大陆在信息产业硬体产品的价值已达到 255 亿美元，仅次于美国、日本成为全球三大信息产业硬体产品的出口基地，而在 255 亿美元的产品价值中，有 72％的产品产值是台湾在大陆的企业生产的。关于两岸科技层面的合作，前面已分析近年来台商在大陆的投资已逐步转向电子信息、制造业为主的高新技术产业。而香港在 1997 年回归祖国前后已有开始考虑发展高新技术产业的问题。实际上，在两岸的科技交流与合作中，应考虑充分利用香港国际金融中心的融资优势，支持两岸科研项目的研究与开发（R&D），特别是要支持两岸科技创新体系的建立，包括各自研发基地的优势互补、科技资源的共享等在金融层面提供优良服务的问题。面对日益大量转移到大陆的台湾产业，尤其是高新技术产业，台湾会不会出现类似香港过去出现过的产业空洞化呢？这已经引起台湾工商界的极大关注，以至不少有识人士认为，如何把企业的技术研发和营运支援服务的根留在台湾，日益成为人们关心和重视的新课题。两岸科技交流合作的另一方面就是科技人才的异地交流问题,以充分发挥他们的创新功能。因此,如何放宽限制,为两岸科技工作者提供来去自由、工作方便的良好环境,这在两岸科技交流合作中同样是重要环节。笔者认为,应当充分利用和发挥台湾拥有"竹科经验"(即台湾新竹科学园建设发展的成功经验)的优势,吸收大陆的科技人员参与有关科技创新的研究项目,特别是在进出境的管理方面,建议专辟两岸优秀科技人才交流互动的通道,对凡承担两岸有关科技攻关项目的人员实行优先审批、单独审批的制度,这有利于全面加强两岸科技人才的交流与合作,提升整个中华民族的科研水平。特别是面对当今扑面而来的知识经济的时代,科学技术的发现、发明和创造的全球化的发展,先进的科技成果成为全人类共同的财富,何况两岸科技交流和合作,科技项目的共同承担,科技资源和成果的共享,也是作为中华民族大家庭内部的事务,更没有理由人为地妨碍科技人才的互动、互惠和互利的。事实已证明,两岸科技与交流合作,与两岸其他层面的交流合作一样,合则利、通则利。炎黄子孙几百年来为之奋斗和努力追求的,无疑是中华民族的完全统一。

(本文原载《当代港澳》2001年第1期)

# 第四章 澳门回归与珠海、澳门合作互补

香港回归以后,我国恢复行使澳门主权的历史时刻为期不远,这是又一件举世瞩目的大事。珠海与澳门缘于社会、历史、文化、亲情等因素,向来发生着十分密切的经济联系与合作。在世纪之交的历史新时期,珠海与澳门必然发生着更为特殊的联系与合作关系,因此,对新时期珠澳经济联系与合作进行必要的探讨,无疑对迎接"九九"澳门回归祖国,促进珠海、澳门社会经济的新发展等有着十分重要的现实意义。

## 第一节 把握机遇,提升合作层次

作为我国最早建立的珠海经济特区,与作为贯彻实施"一国两制"的澳门特别行政区,尽管有许多方面的差异,然而,无论是珠海还是澳门都是中华人民共和国的重要组成部分,因此,应当在求同存异的基础上,本着为增强中华民族凝聚力为基本出发点,把握机遇,进一步提升珠海、澳门经济联系与合作的水平。

### 一、临近"九九",珠海、澳门关系承负着特殊的新使命

随着1999年12月20日我国对澳门恢复行使主权的日益临

近,澳门的问题——珠澳经济的联系与合作等问题,成为人们讨论的热点。无论是珠海还是澳门,都应当十分珍惜我国对澳门行使主权的历史机遇,努力搞好双方之间的多层次、全方位经济联系合作,应在巩固已有的联系合作成果的基础上,拓展新时期珠澳联系与合作的新途径,借以提高双方联系合作的新水平。珠澳双方同处在一个粤港澳区域经济体系的发展中,因而珠海、澳门的社会经济的持续发展,不仅对于粤港澳区域经济的进一步拓展有重要作用,而且对中华民族整体经济的振兴都有重要的意义。

## 二、珠海、澳门应当扬己所长,在进一步增强本身经济实力的基础上联手合作

澳门特别行政区享有自由港的优势,而珠海享有我国最早建立经济特区的优势。社会学家、经济学家早就预言,优势既可以通过互补从而创造奇迹,但在另一种情况下,优势也可以被某种因素互相抵消,从而使优势变为劣势。可见,澳门和珠海都应当十分重视发挥各自优势的基础上,实现双方优势互补,从而促进社会经济的更好发展。总体上讲,澳门方面应发挥自由港的优势和潜力,特别是利用澳门实现了与台湾地区通航的契机,在加强与台湾地区的经贸、投资往来中实现经济增长的提升,寻求解决近年来澳门的 GDP 增长速度连续放缓甚至出现负增长的状况;珠海方面则可以考虑乘中共十五大和全国第九届人大的东风,在强化第二次创业的运作中,尽快实现产业结构的调整与升级,进一步以高质素的要求完善吸引外商投资的环境(包括硬环境和软环境),特别要解决进一步松动有关政策,贯彻实施给予境外投资者特别是港澳工商企业以国民待遇政策等。总之,珠海、澳门双方必须在新时期拓展高起点、高素质和高绩效的联系与合作。

第四章 澳门回归与珠海、澳门合作互补

# 第二节 珠海、澳门合作中应重视和解决的问题

## 一、强化合作意识，提高双向联系的水平

众所周知，珠海与澳门陆路相通、水路相连，历来就是唇齿相依的天然板块。只是由于历史的原因，才被分成不同的社会政治制度下的"特区"。然而，珠澳之间的联系从来就没有中断过，特别是我国实行改革开放以来，珠澳经济联系合作关系更为紧密，互补与互利更为迫切，珠澳经济之间在资金、技术、物资、劳务等方面的双向互流已经过改革开放近20年的实践得到充分证明。当然在珠澳联系与合作中，由于双方各自的开放程度和生产力发展水平仍存在一定的差距，因此，难免出现某种程度的矛盾或不协调的状况，这并不可怕，关键在于采取有效的措施正视和解决问题。笔者认为，在迎接跨世纪的机遇和挑战中，应继续注意解决珠澳联系与合作中的深层次的认识问题。应摈弃"以我为中心"的片面意识，明确只有在平等的基础上才有互助合作可言，才有利益共享所得。尽管珠海与澳门在人口、土地面积和经济实力等方面存在较大的差距，但是珠海、澳门同是中华民族整体构架中的重要组成部分，当中珠海、澳门双方具有平等的地位，因此，任何"唯我独尊""唯我才是经济中心"等的认识，都是不切实际，因而是有碍双方互助合作的拓展，甚至是伤感情的。

## 二、必须进一步重视和加强珠海、澳门产业结构的协调发展

尽管澳门的产业结构的转型升级步履维艰，但近年来也有一定的发展，已形成出口加工业、旅游博彩业、金融保险业和房地产业4大支柱的产业结构。特别是1993年成立的澳门科技转移中心，近年来在拓展澳门高新技术方面进行卓有成效的工作。近年来珠江三角洲地区，加快了发展高新技术及其产业的步伐，已建立起个6国家级和2个省级高新技术开发区，其中珠海的国家级高新区，经过几年来的建设，已初具发展规模。此外，珠海的横琴岛经济技术开发区、洪湾保税区、航空城和临港重化工业区等都得到不同程度的发展。珠海、澳门联系与合作应考虑与内地特别是整个珠江三角洲发展高新技术产业开发区与澳门开展这方面的合作的因素，首先考虑松动有关科技合作政策，利用珠海的高新技术开发区与澳门开展这方面的合作，珠海、澳门高新技术产业合作取得一定经验后，再考虑把合作范围扩展至其他周边地区。

## 三、协调中求互利，实施"双赢"发展策略

笔者认为，平等、协调、互利应当作为现在乃至今后珠海、澳门经济联系与合作发展中的基本原则。例如，珠海与澳门的国际机场客源的互流问题，可以考虑制定相关的政策，通过机场之间的内部协调机场客源的流向问题。又如关于珠海、澳门旅游业的协调互利，可以考虑通过联办相关的手续，把珠海游和澳门游联成一体，使游客既可看到珠海由昔日渔村变为今天花园式海滨城市的新貌，又可以领略到澳门自由港的风采等。（珠海与澳门经济发展中的协调与互利发展问题早已被不少专家学者所提出）因此，类似双方机场、港口，以及其他基础设施建设等的协调（尤其是其中的重大基础建设项目等），不仅关系到双方合力的

第四章　澳门回归与珠海、澳门合作互补

形成,有利于在联手拓展经济等活动中增强对外竞争实力,也有利于在协调中实现"双赢"的发展战略。

## 四、在竞争中求发展,在整合中求提高

尽管珠海、澳门经济联系合作总的方面是平等、协调和互利为主要准则,然而在双方的联系和合作过程中,不可避免会产生矛盾或摩擦,甚至会出现激烈的竞争,但这种竞争是在平等、协调和互利基础上的正常的市场经济运作行为,而不是尔虞我诈,一方压倒另一方,更不是一方取代另一方的恶性竞争。因此,建立在平等、协调和互利基础上按照现代市场经济运作的规则进行公平的竞争,应当成为珠海、澳门未来经济联系与合作发展中最为明智的选择。与此同时,应把珠澳经济关系的整合置于跨世纪发展的基点上。未来世界经济的发展的重要特征,是经济发展的国际化、区域化、集团化日趋明显,珠海、澳门今后经济关系的整合,必须充分把握上述世界经济发展的大环境,结合珠海、澳门在21世纪总目标要求的实际,强化双方联系与合作的实质内容,促进珠海、澳门合作在21世纪迈上新台阶。

## 五、必须把联手拓展欧盟等国际市场作为重要的发展战略

作为国际贸易组织成员之一的澳门,她与世界上100多个国家或地区都有经济贸易等方面的联系,尤其是澳门与欧盟国家或地区发展经贸关系已有悠久的历史。根据中华人民共和国和葡萄牙两国政府关于澳门问题的联合声明以及《澳门基本法》,1999年12月20日,中国恢复对澳门行使主权后,澳门作为中国的特别行政区,她可以以单独关税区的身份,与世界各国各地区建立经济、贸易、文化教育等联系和合作关系,这无疑为澳门参与国际分工,进一步拓展对外关系提供了十分重要的保证,与此同

时，澳门作为中国联系拉丁语系国家或地区的桥梁（纽带）作用的前景将更为广阔。因此，笔者认为珠海、澳门发展新时期的经济联系与合作，无疑应当在继续拓展东南亚、南美洲、北美洲等市场的同时，更加重视对欧盟市场的联手开发，特别是随着今后中国与欧盟有关国家或地区良好合作关系持续发展，经贸、投资等活动必将进一步加强，这样，珠海、澳门作为中国拓展与欧盟合作关系中的桥梁作用将更为重要，而且这种联系与合作关系的进展，必将在较大的程度上取决于珠海与澳门对欧盟市场的拓展规模和绩效。

### 六、在珠海、澳门联系与合作中应当把比较优势和比较利益作为互补互利的重要选择

比较优势和比较利益是发展经济学中的重要概念。在世界经济发展的历程中，无论是发达国家还是发展中国家，都十分重视在本身的经济发展中增强比较优势和寻求比较利益。香港、澳门、深圳和珠海虽然同属于大珠江三角洲的区域，然而，由于多方面因素的制约，使她们各自的经济实力和社会发展水平存在着明显的差距，因而各自的优势包括潜在优势也各不相同。如果说，深港衔接（合作）是属于深圳、香港两地的地缘、亲缘和物流（包括资金等）的优势所在，同理，珠澳（合作）衔接一样适用，问题是深港合作是深圳、香港的优势，而珠澳合作则得益于珠海、澳门的优势，因此，可以说，珠港合作或者深澳衔接就是各取之所长（当然，笔者在此并无反对拓展多方面的合作之意），而是从比较优势和比较利益的原则出发，认为珠澳合作和深港衔接（合作）才是最佳的选择，因为唯有如此，才能达到相得益彰的成效。

（本文是广东省高教厅课题"澳珠经济合作与互补研究"的研究报告成果的一部分，原载《当代港澳》1998年第1期）

# 第五章　澳门的特殊条件与
　　　　内外经贸合作

　　众所周知，长期以来维系澳门与欧洲（欧盟）经济关系是澳门的特色之一，而此种特色有助于促进中国与欧洲贸易往来，从而在经济贸易上互利互补，对进一步发展整体经济等都有所裨益。

　　处于世纪之交的澳门，1999年12月20日回归中国，将使她焕发新的活力，使她与香港一样，为在21世纪提高中华民族在国际上的综合国力，起到十分重要的作用。

　　1999年1月1日，欧盟的统一货币——欧元的正式启动，在新时期进一步增强欧盟内部的竞争力，无疑也对澳门提供了拓展欧盟市场的发展机遇。而随着近年来中欧高层领导的互访，相关关系更进一步。特别新时期的中欧经济关系呈现前所未有的新局面。在这种发展态势下，澳门有了进一步拓展与欧洲（欧盟）经济关系的机遇，而具体方面则可以采取如下的对策：

## 第一节　拓展与欧洲的交流合作

### 一、贸易桥梁、中介作用的进一步发挥

　　众所周知，长期以来维系澳门与欧洲（欧盟）的经济联系是澳门的特色之一，这也有利于促进中国与欧洲的经济往来，从

周运源文集：基于经济发展之探讨

而在经济贸易上互利互补，对彼此进一步发展整体经济社会等都有所裨益。尽管近年来澳门与欧洲（主要是与欧盟成员国家）的经贸发展中的进出贸易额出现小幅度的下滑。然而，我们应当看到的是，这是经贸发展中难于避免的，关键在于我们必须充分注意到世纪之交的整个社会经济发展格局，为澳门更好地开展与欧洲的经贸投资等活动，提供了十分有利的发展机遇。尤其是中国对澳门恢复行使主权后，仍然给予澳门高度自治、"澳人治澳"等"一国两制"的大政方针，使澳门可以中国澳门的名义继续巩固和发展与世界上 100 多个国家或地区的经济联系和合作活动，为澳门在 21 世纪全面拓展与欧洲的经贸投资等，提供了最为重要的保证。

笔者认为，无论是澳门还是欧洲，仍然可以在进一步发挥相互间的桥梁、中间作用上做文章。以澳门来说，进一步完善欧洲工商企业在澳经营活动的投资环境，是世纪之交的重要环节，例如，如何根据"一国两制"既定方针、政策，尽快建立和完善符合澳门实际又为中外投资者接受的投资环境包括政府架构、经济社会和法律等管理系统并提高其效率，中外企业在澳门的投资政策等软、硬环境等，都是保持澳门社会经济稳定发展的重要选择。欧洲（欧盟）方面，则根据中欧 21 世纪新的对华政策的要求，继续把澳门作为欧洲工商企业进军中国大陆（内地）的桥梁或中介点，仍然大有可为。正如欧盟主席桑塔尔、副主席兼贸易专家布里坦所称，欧盟与澳门无论是短期还是长期的签订的贸易合作协议，对澳门、对欧盟都有积极的意义，并认为无论现在和将来，对于沟通中国和欧盟都具有重要性。

## 二、澳门既是欧洲投资中国内地的"窗口"，也是中国全面了解欧洲的"窗口"

近年来，随着中国与欧盟双边关系的趋好发展，不仅相互的

第五章 澳门的特殊条件与内外经贸合作

经贸得到继续平稳的增长（据中国海关统计资料，1988年1月至11月份，中国与欧盟相互的进出口贸易总额达到423.26亿美元，对比上年同期增长13.9%），而且在相互投资方面也有一定的增长。例如，1997年欧盟对中国的直接投资额达到47.71亿美元，对比上年的27.4亿美元增长74.1%。另一方面，截至1997年年底，中国批准的海外投资企业中对欧盟国家的有114家企业，投资额达到4717.4万美元。此外，同时期欧盟的11个成员国家对中国提供的政府贷款额达到7.3亿美元，占同期外国政府和国际组织向中国提供政府贷款的27.4%。

事实上，无论是中国、欧盟相互贸易的增长，还是双边投资的增长发展，都与澳门的"中介""窗口"作用分不开的。1992年9月26日成立的澳门欧洲咨询中心，是欧盟在欧洲境外设立的第一个欧洲咨询中心，近年来在沟通中国与欧洲的经贸投资等方面日益起着特殊的重要作用。正如澳门欧洲咨询中心主管罗伟度先生指出的，到1997年12月31日为止，澳门欧洲咨询中心共接受了658次咨询，并安排了102次合作，主要用户来自澳门、香港和中国内地，澳门使用最多，共有263次，其次是香港，共使用220次，中国内地使用居第三位，共使用213次，而且中国的合作广东居多数，占了澳门欧洲咨询中心合作项目总数的7成。

### 三、联系欧亚旅游的国际通道

早在20世纪80年代中期，即有经济学专家提出发挥澳门优势，构建粤港澳三地旅游大三角的思路。尔后的发展也证明粤港澳三地联手拓展旅游业的卓有成效。当然，距真正实现粤港澳协调有序的大三角旅游区，仍然需要进一步努力。且不论国际游客对澳门的兴趣，主要是中国内地潜力巨大的旅游群体却不乏有人慕名而来，即使过去大多数只能通过游广东的景点，而赴港澳地区难免碰上手续的难题而步履维艰。但近年来,中国政府对港澳国际旅游的相关政策开始松动,不仅使广东人实现了新马泰等国际旅游多年梦想,而且使内地游客实现跨境旅游。

澳门由于本身所处的重要位置,在沟通欧洲、亚洲国际旅游方面因而具有特殊的意义和作用。她一方面是中国内地游客往欧洲地区旅游的国际旅游通道,另一方面又为欧洲游客前来中国内地或亚洲其他国家和地区旅游提供通道。当然,澳门要从粤港澳旅游在大三角的重要支撑点,拓展为联结欧亚旅游的国际通道,除了必须进一步改善现有的旅游服务硬件环境外,还必须强化旅游服务的软件环境,包括与欧亚地区相互的旅游机构的联系合作,开展类似"一日游""一站游""套餐游"等形式各异、花样众多的国际旅游模式,签订必要的国际资源共享协定。总而言之,必须努力促进和树立在世纪之交澳门的国际旅游城市形象。

## 四、金融、保险业进军中国大陆的中介

1999年4月,中国有关部门根据国内外形势发展的要求,颁布了进一步放宽境外金融、保险机构在大陆设立机构的规定,无疑为欧盟成员国家为香港、澳门等地区在中国大陆进行金融、保险业提供了联系合作的机遇。澳门比较其他的国家或地区又具有得天独厚的有利条件。一方面澳门与香港一样,最早享受中国大陆改革开放所实施的一系列利用资本、引进技术和先进管理经验等优惠政策和措施,促进了经济社会的整体发展;另一方面,澳门事实上也在欧盟等发达资本主义国家或地区进军中国大陆中起着穿针引线的重要中介作用。因此,今后随着中国大陆在金融、保险等外引政策上的继续松动,类似以澳门为中介,组建欧洲(欧盟)—澳门—中国大陆合资形式,或其他形式的金融、保险业等机构,必然在中国大陆更多地出现。

第五章 澳门的特殊条件与内外经贸合作

## 第二节 穗澳交流与合作

处于中国改革开放先行点试验区的广州,在新的条件下进一步增创发展新优势,加强穗澳经济联系的交流与合作,建设和发挥现代化中心城市的作用,无疑具有十分重要的现实意义。

### 一、进一步改善营商环境,加强广州与澳门乃至欧盟的经贸联系与合作

中国改革开放以来,穗港澳的经济交流与合作得到不同程度的发展,其中穗港联系交流与合作的范围、程度和绩效等,总的方面要比穗澳合作高出一筹,这是不争的事实。问题是,穗港合作与穗澳合作各有优势,各有特点,因此不能以穗港合作代替穗澳合作,而且从一定的意义上讲,穗澳合作更具有特殊性。1999年12月20日澳门回归祖国后,澳门既是中国的一个特别行政区,又具有与欧盟及拉丁语系国家或地区数百年联系的基础,而广州则不仅有与澳门发展经济联系合作的良好条件,也与欧盟国家或地区的经贸合作具有广阔的前景。

据1998年广州统计年鉴的相关资料显示,尽管1997年广州对澳门的进出口贸易有所下降,但是,同时期广州对欧盟主要成员国英国、法国等的进出口贸易都有不同程序的增长。例如,1997年广州对澳门的进口额为179万美元,对比上年的242万美元下降了26%,同期广州对澳门的出口额达到3497万美元,对比1996年同期的3848万美元下降了9.1%。但是,1997年广州对英国的进出口额达到2.87亿美元,对比1996年的2.41亿美元增长19.1%,而同时期广州对法国的进出口额达到6.94亿

37

美元，对比1996年的5.21亿美元增长33.2%。因此，应考虑进一步完善广州的营商环境，松动相关的政策，提高广州与澳门、欧盟等的经贸合作层次和水平。同时，也可以考虑通过广州与欧盟国家所建立的友好城市的关系（据1988年广州统计年鉴的资料，广州已与欧盟国家瑞士的林雪平市、法国的里昂市、德国的法兰克福、意大利的巴里结为友好城市），加强相互间的不同层次，而主要包括工商企业界的互访，增进共识，发展合作。

**二、切实改善投资环境，继续吸引更多的澳门资本和欧盟资本，来广州举办工商企业**

经过多年的努力，广州的投资环境有了较大的改善，然而在新形势下，要想增创广州发展新优势，建设广州现代化中心城市并发挥其重要作用，就必须进一步加大改善广州投资环境政策的力度，完善相关的投资硬环境和软环境，特别要考虑以广州保税区、广州经济技术开发区投资环境的改善为契机，全面带动广州整体投资环境的日益完善。尤其要把握澳门回归祖国的重要机遇，增加对吸引澳门资本甚至欧盟资本的力度。1997年广州利用澳门资本的合同数，由1996年的16项下降为8项，尽管同时期广州实际利用澳门资本额由1996年的0.69亿美元增加到0.71亿美元。1997年广州吸收欧盟主要成员英国、法国、德国、荷兰、西班牙和奥地利等直接投资项目16项（合同数），实际利用外资额2.21亿美元。1999年年初中国政府做出进一步松动境外资本投资内地金融、保险和旅游业的相关规定，因此，如能结合广州建设现代化中心城市的要求，尽快制定和完善与这些规定相应的投资指南，有望实现广州与澳门、欧盟成员国投资合作的新突破。

第五章　澳门的特殊条件与内外经贸合作

## 三、拓展金融、保险业合作领域，推动穗澳合作进一步发展

近年来，穗澳金融保险业的联系合作取得了一定成效，但难有新的突破，因为穗澳两地实行的是不同的社会政治制度，即使中国实行改革开放20多年，逐步扩大了对外开放的领域，但中国始终对于金融、保险业的境外开放比较审慎，加上1997年以来亚洲金融危机所带来的影响，也说明一个国家的金融业保险既不能随便开放，更不能"一揽子"全面放开。

当然，今日的世界是开放的世界，中国只有继续坚持走改革开放之路才有希望。因此，中国政府在制定和完善防范金融危机有关政策与措施的同时，仍然制定和实施金融和保险业进一步扩大开放的重大决策，无疑是为中国跨世纪全面发展注入新的活力。这对广州来说，正是进一步拓展与境外金融、保险业合作发展的大好时机，尽管到1997年年底，广州市已有外资金融机构所设立的分公司或办事处38家，外资保险机构在广州设立的分公司或代表处也有21家，但是这与广州市委、市政府提出的要求，把广州建设成为中国华南地区的区域金融中心，把广州建设成为现代化国际大都市的要求，仍然不相适应。因此，如能把握中国政府对澳门恢复行使主权和进一步松动开放金融、保险业等的有利时机，采取切实可行的政策和措施，继续提高吸收境外金融保险业进军广州的力度再通过进一步强化穗澳联系与合作，吸引更多的澳门金融保险业来广州拓展业务；另一方面，通过澳门的中介作用吸引欧盟的金融保险业来穗设立分公司或办事处，并借广州金融保险业较高的外向度，带动广州整体经济社会的全面发展。

## 四、拓展具有穗澳特色的现代化旅游业

素有"无烟工业"之称的现代旅游业，对经济社会的发展

39

周运源文集：基于经济发展之探讨

具有举足轻重的作用。由于人民生活水平的日益提高，广州人已不满足于国内旅游，因此，发展境外旅游即成为进一步拓展中国旅游业大势所趋。1999年年初，中国为了进一步扩大对外开放，又颁布了境外资本可以与内地合资合作举办旅行社的规定，这为广州拓展与澳门的旅游合作提供了良好的契机。据相关统计资料显示，1997年广州市主要宾馆所接受的过夜国际旅客人数，达到228万人次，其中港澳旅客人数为131万人次，国际旅客中欧盟成员国的旅客人数法国为1.86万人次，德国为1.64万人次，意大利为0.76万人次。随着中国内地政治稳定，经济繁荣发展，对外开放度的进一步提高以及广州整体发展环境的进一步改善，前来广州投资、经商、观光旅游的人数亦呈增长态势。因此，可以考虑下列方法之一，进一步推动穗澳旅游业的联系与合作。

方案一：进一步松动出境旅游的审批手续，可以考虑广州、澳门不同的旅游景点、项目及特色，开通穗澳旅游专线（可称为一线或一票式旅游）。内地游客购买一票既可在广州领略岭南城市的美好风光，又可以直接进入澳门旅游，使游客尽管无法亲临美国拉斯维加斯和摩洛哥的蒙地卡罗，仍可以在澳门领略东方赌城的风采。

方案二：联手珠海，实施穗、珠、澳连环旅游的"一票三站套餐式旅游"。内地游客第一站到广州旅游、观光或购物；第二站到珠海的景点旅游，最后以拓展澳门的旅游景点为终点站。通过拓展上述方案的旅游，实施一线或一票式旅游，一票三站套餐式的旅游发展格局，以此逐步实现穗、珠、澳旅游资源的共享和三地旅游业的融合，从而带动各自经济社会全面发展。

（本文原载香港《信报财经月刊》1999年12月号总273期）

# 第六章 中国经济特区发展周期的国际比较

面对国际国内政治、社会经济发展的新势态,中国经济特区何去何从?日益成为人们关注的热点。本文试从国际比较的角度,探讨中国经济特区发展周期的若干问题。

## 第一节 考察经济特区发展周期的基本点

从严格的意义上讲,经济特区的发展周期并不是一般意义上产品的生命周期,从萌生期—成长期—成熟期—衰退期。经济特区的发展周期除了具有本身特殊的发展规律外,还要受到不同时期政治、社会经济、人文地理等诸多因素的影响或制约,并且在某些特殊的情况下,这些因素会起到决定性的作用。因此,经济特区发展周期可表述为:从建立—发展—成型—再发展—由新的更高的形式所代替。而从发展经济学理论并加以动态来考察,世界经济性经济特区发展周期也是可以进行国际比较的。既然,世界上各种各样的自由贸易区、自由港区、出口加工区、保税区、科技工业园区等,可以统称为经济性特区已经得到共识,那么我们不妨对世界经济性特区的发展周期进行一番国际比较。有关资料显示,自从1547年在意大利的里窝那建立起第一个世界经济性特区(自由贸易区)以来,经过400多年来的风风雨雨,世界经济性特区分别经历了从贸易型为主的特区（自由贸易区）—加工型为主的特区（出口加工区）—综合型的特区（发展高科技工业园为主）3个主要时期。从时间上来考察，贸易型为主的特区的发展阶段是从1547年建立第一个经济性特区到第二次世界大战前，第二个发展阶段是从第二次世界大战后到20世纪70年代末期的加工贸易型为主的特区，第三个阶段是从20世纪80年代初期以来的以高科技工业园为主的综合型特区的发展。由此可见，世界经济性特区的建立和发展都是经历过一定的发展周期才发生转型的，而且，由于各个发展周期所处的国际国内发展环境的差异，导致不同发展周期的延续时间长短不一。例如，世界性经济特区从贸易型为主发展为出口加工型为主，这一发展周期持续了近400年时间，而从出口加工型再转到以高科技工业园为主的综合性特区，这一发展周期不过经历了30多年的时间。再看第三个发展周期到现在才10多年的时间。中国经济特区从1980年8月26日第五届全国人民代表大会第十五次常务委员会正式通过的《经济特区条例》，国务院发文算起到目前也不过10多年时间，而且中国经济特区同属世界经济性特区的组成部分，她一开始就吸收和借鉴了国外的有益经验，把以先进工业为主、工、技、贸相结合，综合性发展作为经济特区主要发展战略。

第六章 中国经济特区发展周期的国际比较

## 第二节 影响中国经济特区发展周期的因素分析

**一、把中国目前的深圳、珠海、汕头、厦门和海南五个经济特区统一向综合性特区发展的战略并不完全符合实际**

诚然，借鉴国外经济特区有益的经验，在中国经济特区一建立就高起步，朝着综合性特区发展，以相关的特殊政策和灵活措施催化特区的发展周期，使经济特区早日发展并走向成熟，但是这需要具备必要的条件，特别是本身生产力发展水平，而我国现有的五大经济特区各自的生产力发展水平不一，有的可能具备直接向综合性特区发展的条件，有的则需要若干时期的发展才逐渐具备条件，尔后才能朝综合性特区发展。从上述世界经济性特区发展周期的比较来看，国外的经济特区是经历了数百年的发展才迈向综合性特区的，何况我国的经济特区才建立和发展了10多年时间，因此，那种不管条件是否具备，人为地搞"一刀切"，要求五大经济特区都实施综合性特区的发展战略，实践证明是不妥当的。

**二、中国经济特区过大的地理区域，也影响到其发展周期正常意义上的界定**

综观国外的经济特区，不管是那种形式，一般都具有面积小的特点，多数在1平方公里左右，而最大的不过是新加坡的裕郎工业区，面积为60平方公里。但是，我国的经济特区目前最小的是珠海经济特区，面积为121平方公里，最大的是海南经济特区，面积为33920平方公里。如此大的区域，各地的发展水平千差万别，因此，发展周期比较难以准确界定。

### 三、中国经济特区的功能政治化、社会化，同样影响到其发展功能的正常界定

国外的经济特区的发展主要包括经济功能的综合发展。而我国现有的经济特区把经济的、政治的和社会等的功能"综合发展"，党、政、工、青、妇全面发展，经济特区是个名副其实的大社会。因此，这同样影响到她与国外经济特区发展周期的国际比较。

## 第三节 建立适合中国经济特区发展周期的模式

通过上述的比较分析，中国经济特区与国外的经济特区有许多不同点，而且，中国的经济特区建立才10多年时间，又正处于成长发展之中，因此，界定发展周期有其特殊的制约条件。但是，根据宏观调控、分类指导的认识，可以把握如下若干要点：

### 一、中国经济特区分类发展的基本原则

中国经济特区是在基本相同的政策体制下建立和发展起来的。笔者认为，今后经济特区的发展，不应再人为地规定向某一类型发展，应当把"因区制宜、扬长避短、各有特色、拓展多元化特区"作为中国经济特区未来发展取向的基本选择。在此前提下，确定中国经济特区分类发展的基本原则：一是区情（生产力发展水平——综合实力），二是不同特区功能作用的发

## 第六章 中国经济特区发展周期的国际比较

挥,三是不同特区发展的潜力和前景,等等。

### 二、中国经济特区分类发展的具体运作

从总体上考察,中国经济特区的建设已初具规模,然而,目前五大经济特区之间的差别日益明显,这是众所公认的。因此,应当根据上述分类发展的基本原则,分区别类,合理调整五大经济特区分类发展的布局。一是继续拓展以高科技工业园为主的综合性特区,这一类特区的要求较高,其现有的基础和实力较接近国外经济特区的水平,较容易与世界经济性特区运作的国际惯例接轨。二是发展出口加工区,要求通过切实的调查研究与比较分析,根据区情,发展符合本区实际的出口加工型经济特区。三是拓向自由贸易区(或自由港区)发展,即既欠发展综合性特区必备的条件,又不宜发展出口加工的特区转向这类特区发展,因为尽管世界经济性特区已发展到以高科技工业园为主的综合性特区的阶段,但并不排除后起的发展中国家根据国情(区情)拓展自由贸易区或自由港区。中国属于发展国家,选择某一地区拓展这类经济性特区,也比较符合中国的实际,何况,世界上发展中国家拓展自由贸易区的态势仍在明显增加。例如,1995年中旬,巴基斯坦、土耳其、伊朗等十个国家组成的经济合作组织通过《伊斯兰宣言》和《联合公报》,提出拓展自由贸易区,进一步加强成员国之间的联系和合作就是证明。

[本文原载《沿海新潮》1995年第3期,其实,笔者在论述中提出的关于中国经济特区应选择分类发展的观点,在近年来中国(上海)自由贸易试验区和深圳特区中的前海、珠海特区中的横琴、广州南沙组成的广东自由贸易试验区的建立和发展,可能就是很好的案例]

# 第七章 经济特区的经济成长与教育发展

改革开放以来,我国的经济特区建设取得了举世瞩目的成就。据有关资料显示,截至1988年年底,我国仅深圳、珠海和汕头3个经济特区利用外资近30亿美元,建成10个工业区,投入生产的工业企业近4000家。累计完成基本建设投资166亿元。开发建设面积达80平方公里(《南方日报》,1989年9月5日)。不言而喻,在我国经济特区的建设发展过程中,特区的教育事业在其中占有极为重要的地位和作用。从一定意义上讲,特区的发展有赖于特区教育事业的普及和发展。本文拟从特区教育与经济成长的关系、特区教育发展的特点入手,对特区教育与经济发展问题试做分析。

## 第一节 特区教育与特区经济成长的关系

众所周知,教育属于一个社会的上层建筑,而经济则是教育赖于存在与发展的基础。教育的发展要依靠必要的物质条件,而另一方面,教育的发展又反过来促进经济的发展。无疑,经济增长与教育发展的这种辩证关系及其相互作用,在我国经济特区是同样存在的。

首先,特区经济的发展要求不断提高特区的教育水平。具有中国特色的经济特区的建立,是我国改革开放的重要组成部分。

# 第七章 经济特区的经济成长与教育发展

经济特区发展战略的提出,要求经济特区作为我国对外开放的前沿地带,逐步形成贸工农出口生产体系,在我国的国民经济发展中发挥"四个窗口"和"两个扇面"的辐射作用,并为实现"一国两制",完成中华民族的统一大业做出贡献。特区发展战略的提出和实施,无疑是特区发展的总指南。然而,特区发展战略方针的实施,除了其他方面的重要因素外,特区教育的发展状况如何对实现特区的发展战略具有举足轻重的意义。众所周知,在当今世界经济的发展与竞争中,究其实质是教育的竞争,是人才的竞争。实践证明,经过现代化教育培训的各类专门人才作用的发展,以及当代先进科技的应用,是现代化生产得以有效运作和经济发展取得效益的十分重要的前提条件。我国经济特区无论在引进外资和先进科学技术、借鉴先进工业国家管理经济的有益经验,还是在拓展对内经济联合和运用现代化手段组织生产及产品销售、发展外向型经济等的过程中,都必须涉及技术与人才的重要问题,这就要求大力发展特区的教育事业,尽快培养出特区发展外向型经济所需的各类专门人才,只有这样才能为特区产品进入国际市场和实现特区的发展战略提供必要的条件。总之,经济特区的发展战略的要求及其经济发展的内在动力,迫切要求提高特区教育事业的层次,使特区教育发展的总体水平与特区外向型经济的发展相适应。

其次,特区教育事业的发展为特区的经济成长提供后劲。经济发展,教育为本。当代科技革命的产生及其成果的应用,极大地促进了生产力的发展,而前者即科技革命的产生及其应用归根到底又是与教育的发展紧密联系在一起的。现代意义上教育的任务,不仅是通过科技知识的传授和延续实现科学技术的再生产问题,而且在于通过传授和延续不断创造出新的科技知识,反过来再充实和丰富教育的内容。当今世界上不少经济发达国家正是通过上述的途径,重视教育,狠抓最新科技成果转化为社会生产力，以促进经济的持续发展。实践证明，只抓经济建设而无相配套的教育发展，这样的经济发展就可能成为无源之水，经济的持续发展就无从谈起。从我国经济特区的实际来看，尽管引进和培养出一大批科技人才，然而也存在着一个科技人员的知识结构及其素质如何与特区经济发展的格局和发展前景相适应的重要问题。既然特区是外向型的，其产品结构乃至生产商品的工业结构等都必须以产品的国际营销状况为转移的，那么，国际市场行情的变化必然影响到特区的产品结构和工业结构等的转型问题。无疑，产品的生产者（经营者和销售者）就必然面临着及时更新知识和增长才干，以适应国际市场变化的要求。而要做到这一点，最终又取决于特区教育事业的发展状态。特区经济的发展，迫切要求改革教育结构，增加教育投资，建立教学科研基地，创造一个能够为特区经济的持续发展准备物质条件的教育生产体系，在不断培养出新型的外向型人才的同时，切实抓好特区干部职工和经济管理人员的再教育（有的称二次、三次甚至多次教育）。只有这样，才能有效地避免特区的经济发展中人才断层的局面发生。当今世界上许多国家正是通过建立教学、科研、生产联合体来为经济发展提供保证的。总之，一个国家或地区，只有教育事业蓬勃发展了，才能为其经济的持续发展提供后劲，我国的经济特区也不例外。

## 第二节　特区教育事业发展的若干特点

随着我国特区经济的迅速发展，特区的教育事业同样取得了长足的进步。根据有关的资料，笔者认为当前特区的教育事业的发展可以概括为如下几个主要特点：

# 第七章 经济特区的经济成长与教育发展

第一,特区依托高等院校培养的各类专门人才脱颖而出。目前,我国五大经济特区除珠海尚未建立正规的全日制高校外,其余的特区都有一所乃至若干所高等院校。依托这些院校培养所需的专业人才。世界科技发展史证明,高等院校是发展科学技术、促进经济发展十分重要的基地,许多当代的新发明、新技术都是由高等院校首先研究、试验而创造出来并应用于社会生产实践的。一个国家或地区高校的质量及科研水平,是制约这一国家或地区经济发展的重要因素。我国特区建立以来,注意到这一客观规律,依托各有关院校,积极推行教育体制改革,利用特区的优惠政策,在引进先进技术设备的同时,积极引进人才,再造人才,为特区造就了一大批适应性强、业务水平较高的人才,促进了特区经济的发展。

第二,特区的成人教育的迅速发展,为在职人员再教育、更新知识,从而提高经济效益做出了贡献。开办特区,急需大量人才,为此,特区除了引进(或招聘)和委托有关高校培训外,采取多种途径发展特区的成人教育,积极与内地、港澳地区联合举办各种类型的培训班,同时结合特区的实际,大力发展特区的"电大"成人教育,普及在职人员的再教育,为特区外向型经济的发展准备了一定素质的就业大军。

第三,社会集资办教育蔚然成风。我国五大经济特区地处沿海、毗邻港澳地区,得世界经济贸易发展的风气之光。另外由于社会历史等方面的原因,这些特区的华侨遍布海外和港澳地区,为对外沟通、往来提供优越条件。党的十一届三中全会以来,由于党和国家的各项侨务政策的实施,海外侨胞和港澳同胞出自热爱家乡,大力支持、资助家乡发展教育事业的人和事与日俱增。香港同胞李嘉诚先生捐资创办的汕头大学就是其中突出的案例。此外,特区有关部门(包括企业、事业单位)和个人也十分重视智力投资,在发展生产的同时,花力气、捐资财,支持特区教育事业的发展,特区上下、海内海外社会集资办好特区教育蔚然成风。

第四,特区教育改革初见成效。实践证明,要使特区的教育与特区经济的发展相适应,就必须进行特区的教育体制改革。因为当赖于存在和发展的经济基础发生变化时,教育就必然发生相应的变化。随着经济特区的发展和经济改革的深化,特区的教育改革同样要求比内地先行一步。近10年来,特区的教改中,无论是在教学机构的设置、学校领导和教师的聘任制度,还是教学的内容及环节、招收学生的途径及毕业生的分配等方面,都先后进行了大胆的改革尝试,并取得了一定的成绩。当然,就目前的实际来看,特区的教育改革仍然有待于进一步继续深化,使之更加完善。

## 第三节　进一步拓展特区教育的思考

特区教育事业的现状,成为制约特区外向型经济发展的重要因素,那么如何通过进一步发展特区的教育事业来促进特区经济的发展呢?笔者认为应考虑从如下几方面着手:

第一,适时考虑创办珠海(或香洲)大学。诚然,目前在整顿经济秩序、治理经济环境的条件下,我国的教育同样进入调整时期。但从我国"四化"建设的需要和国民经济长远的发展目标考察,我国的各类人才不是多了而是远远不够,高等院校培养人才的任务仍然十分繁重,教育将仍须大力发展。目前,我国五大经济特区中,唯独珠海没有正规的全日制的高等院校,这不能否认在一定程度上影响着珠海特区的发展。因此,建议有关部门应重视和加强现有的珠海成人教育学院各方面的建设,积极创造条件,为争取早日在珠海设置全日制的正规大学做准备。

## 第七章 经济特区的经济成长与教育发展

第二,进一步健全和加强特区各类成人教育,有条件的应把成人专科教育拓展为本科成人教育。目前,特区的各类成人教育发展较快,为加快特区建设培养了急需人才。但应当看到,特区成人教育仍然面临一些亟待解决的问题。例如,如何更有效地解决特区成人教育中的工学矛盾问题、成人教育的毕业生的学以致用及其待遇问题等,这些都直接影响到特区成人教育事业的发展。笔者建议动员社会各方集资筹建特区成人教育发展基金,以便更好地为特区成人教育的发展提供保证。与此同时,应根据特区成人教育的现状和学员的要求,结合特区发展外向型经济的需要,适时把现有的成人专科教育中具备条件的一些急需学科发展为成人本科教育,为特区的建设和发展培养层次更高的人才。

第三,切实加强特区的基础教育,逐步提高特区科技、文化的水平。实践证明,特区的基础教育的发展状况,是直接关系到特区长久发展的关键问题,也是特区拓展高等教育、培养高层次人才的重要基础。重视和加强特区的基础教育,根本一条就是要根据中共中央《关于教育体制改革的决定》中所确立的,要在20世纪末普及我国九年义务教育的精神,结合特区的实际有的放矢落到实处,先行一步。基础教育问题不仅关系到特区劳动者的素质,也关系到整个中华民族文化知识水平的问题。我国的经济特区由于其所承担的特殊任务,讲求效益办实事,切实抓好特区的基础教育更具有十分重要的现实意义和历史意义。

第四,适时筹建特区的科技工业园,为特区的教育事业和外向型经济的发展展翅翱翔。20世纪50年代开始,特别是六七十年代以来,世界各国竞相把建立科技工业园作为推动社会生产力迅速发展的重要途径。近几十年来世界科技工业园的发展证明,科技工业园把科技成果及时转化为生产力,对经济发展起着十分重要的作用。在我国经济特区,率先建立科技工业园的是深圳特区(1985年7月30日,深圳市政府与中国科学院合建),尔后于1988年3月,中央有关部门和海南建省筹备组也通过了建立海南科技工业园的决定(《海南日报》,1988年3月19日)。几年来,深圳、海南科技工业园的筹建和发展,为特区外向型经济的发展起到一定的促进作用。特别是深圳科技工业园,首期工程已全部完成,第二期工程也已完成一定的规模,科技工业园地的生产项目已与美国、日本、新加坡等国家的厂商建立了几十个企业。笔者认为,珠海等特区也应当考虑创建科技工业园的问题,以便凝聚水平较高的科技力量和设施,把科技成果及时转化为生产力,促进特区经济的更大发展。当然科技工业园的建立,离不开一定的教育和经济发展的水平,但是问题在于世界上任何一个科技工业园都并不是一切条件都具备才建立的,只要具备必要的条件时就着手筹办,然后不断完善和发展。综观目前珠海等特区的实际,逐步规划和筹建科技工业园是有可能的。

第五,深化特区的教育改革,建立具有特区特点的新型教育体系架构。根据世界经济发达国家围绕经济发展的格局来实施教育方针的可资借鉴的经验,结合我国经济特区发展的实际,笔者认为,特区的教育应实现教育内容综合化、教材教法现代化、教育体制多元化、教育管理机构精简化和教育基地化,以建立一个与特区经济发展相适应的新型教育体系。

(本文原载《暨南教育》1990年第1期,是笔者参加当时在珠海特区召开的"首届经济特区教育改革研讨会"提交的研究论文,曾在《香洲教师报》1989年12月号全文发表。笔者当年论文中提出建立珠海大学建议,实际上自从1999年中山大学珠海校区建立后,又先后有北京师范大学珠海学院、北京理工大学珠海分校、珠海遵义学院、吉林大学珠海学院、暨南大学珠海学院、珠海城市学院、广东科学技术职业学院,甚至珠海与境外的香港浸会大学合作兴办的联合国际学院在珠海建立,这些无疑为珠海特区的发展起到了十分重要的促进作用)

# 第八章　论区域经济发展中的循环经济问题

前不久，本着学习的欲望，笔者随省有关部门调研组，走访了珠三角发达地区的若干城市，所见所闻，对这些地区如何在新形势下发展循环经济有了新的认识。

事实上，在人均资源占有量偏低的我国，无论是发达地区，还是欠发达地区，逐步实施清洁生产，拓展循环经济，对区域经济和国家整体经济社会的可持续发展，无疑有着十分重要的意义和作用。

## 第一节　更新国民理念，发展循环经济

从一定意义上讲，循环经济实质上也就是物质资料本身的再生产。在过去传统的经济体制下，投入与产出的关系，往往被颠倒，资源被浪费，没有得到物尽其用的状况屡见不鲜。尽管也有出于某种意义的经济核算，然而，主要居于某种政治等方面的需要，许多没有进行实际意义的成本与效益的对比分析，物质生产部门再生产的维持，主要靠国家和政府的外部推动，加上其他因素，使我国的国民经济曾经处于崩溃的边缘。实施改革开放以来，在逐步培育和发展社会主义市场经济的体制中，尽管过去不计成本和效益的状况大有改变，然而，一个地区的经济增长，主

要依靠不断追加投入来取得发展是常有之事。因此，如何以最小的投入取得最大的效益，仍然未必被人们所认识，尤其是如何搞好物质资料本身的再生产，并没有成为人民的共识。实际上，不少发达国家在其经济发展过程中，十分重视实施循环经济。例如，日本为解决本身资源紧缺对经济发展的影响，早在20世纪60年代就实施了循环经济的战略，并保证了其经济的持续发展。过去我国在相当长的时期，一直以地大物博为自豪，实际上我国的人均资源的占有量在世界上是偏低的，如不实施循环经济，势必严重影响我国整体经济社会的持续发展。温家宝总理在2005年"两会"的政府工作报告中，强调指出必须大力发展我国的循环经济。因此，更新国民物质资源再生产的理念，对实施循环经济的发展是何等重要。

## 第二节 发展循环经济应当注意的问题

### 一、产业政策的扶持与循环经济的发展

产业经济学告诉我们，一个地区或者国家的产业政策的制定和实施，直接关系到其生产经营活动中的资源配置和绩效等的获取，符合生产力发展实际的产业政策，无疑会大大促进经济社会的发展，反之则不然。应当说，循环经济对于产业发展的内涵来讲，是遍及生产发展整个过程并周而复始进行的，一个生产过程的结束，就是下一个生产过程的开始，因此，一个国家或地区的产业政策是与其产业发展中的资源配置、合理利用紧密联系在一起的。在人类社会对资源的开发利用中，随着科技进步日新月异的发展，对资源开发利用的技术水平必然随着提高，随之对人类

# 第八章 论区域经济发展中的循环经济问题

资源再生产过程中的产业分工也会越来越细，因此，选择相关的产业政策的指引是十分重要的内容。政府在颁布和实施相关的产业政策时，应当给予那些专门从事再生产中的资源回收再利用的产业，置于产业指引中的重要位置，以支持这类企业的生存和循环经济的发展。

## 二、关于产业链中的相关的协调、互动发展问题

一般来说，产业链是指不同的产业发展过程中所结成的类似链状的、互相联系、互相制约的关系。产业链中还包括产品从原材料的投入到产品的产出的相关环节所结成的链条般的状况。在资源再生产过程中同样存在从首发端、到中端、再到末端的链状，这种由产业链各环节相互关联的发展形式，是产业链系统中的具体表现，也是推动循环经济持续发展的重要内容。在资源再生产的程序中，首发端生产的产品，可以是中端的原材料，而中端生产的产品同样可以成为末端生产的原材料。因此，在大力拓展循环经济中，无论是部门之间、部门内部、还是企业之间或是企业内部，都应当遵循市场经济运作的原则，进一步加强相互联系与合作，共同打造各地区具有区域特色的循环经济发展模式，以逐步提高企业和产品的竞争力乃至整个区域的综合竞争力。

## 三、收废利用、变废为宝中的重复污染问题

据资料显示，我国于2003年1月1日开始公布实施《中华人民共和国清洁生产促进法》。这次我们走访的珠三角地区若干城市，也先后制定了实施促进法的意见，以及相关的再生资源回收利用的管理办法，包括承担资源综合利用部门和企业单位认定的管理规定。通过近几年的实践，这些城市的资源综合利用，变废为宝等清洁生产为主体的循环经济取得了一定成效。但是，由于体制和管理层次等的原因，废物利用等资源再生产过程中，

仍然不同程度地存在着二次或三次等重复污染的严重问题，例如有的对废品（物）的回收不是严格按照"集中处理，综合利用"的原则，尽量减少废品（物）再利用后的再污染，而是对废品（物）单一处理，提取其中价值高的有用部分后，把废品（物）中其他成分再次废置，造成二次或多次重复污染。这些行为的主体主要是那些没有取得废品（物）综合利用认定的企业，利用其处理废品（物）单位成本较低等优势，与得到国家和有关部门认定的资质好的企业争夺废品（物）综合利用资源，因此，有关部门必须采取强硬的措施，切实从源头上打击这类非法活动。

### 四、税收优惠的特殊给予和投融资的支持问题

在我国，按章纳税是公民和企业应尽的义务。就企业而言，国家按规定征收企业所得税等，同样是取之于民、用之于民的重要内容。一般来讲，国家规定不同的企业不同税负率的标准，实行的是企业负税大体公平的原则。然而，在某些特殊的条件下，国家为了保证某种需要，也考虑特殊行业的税负标准。例如，对于承担特殊的资源再生产的综合利用的企业，应当考虑与其他一般企业不同的有一定优惠的税负率，以体现对这类不可缺少行业的支持，确保其有生存发展的空间。与此同时，在企业的投融资体系方面，政府也应当考虑通过建立专门用于支撑资源再生产综合利用的基金，以支持帮助这类企业的应有发展。当然，在条件具备的时候，甚至可以考虑通过适度发展中小企业的创业板，给予投融资方面的支持，以解决资源再生产综合利用的企业在资金等方面的困难，促进这类企业循环经济的健康与可持续发展。

### 五、关于循环经济发展中的中介作用问题

众所周知，在现代市场经济的运作过程中，中介机构起着特

## 第八章　论区域经济发展中的循环经济问题

殊的重要作用。同理，在营造现代企业制度的条件下，行业中介的特殊作用也是不言而喻的。在新的历史时期，我国拓展循环经济无疑为行业中介提供了进一步发展条件。事实上，我国改革开放以来，就借鉴发达国家或地区的经验，引入行业中介为社会主义建设服务。然而，由于观念、体制等方面的原因，我国的中介机构（组织）的发展良莠不齐，其中真正有诚信、资质好、运作规范的还不是很多，而违法的钻政策空子等的"无良"中介的所作所为，见诸报端的也不少。因此，我们认为，在发展循环经济过程中，我们可以考虑：一方面根据企业清洁生产从事资源再生产的实际，通过企业之间在信息、资源等方面的联系，进一步加强相互间的互信互助，通过协商共同处理发展循环经济过程中的各种有关问题，通过资源和利益的共享，实现企业的自我发展；另一方面，在企业之间切实解决不了的又严重影响企业进一步发展的有关问题，可以考虑选择资质好、有诚信、运作规范的中介组织，委托他们协调和处理企业之间的资源再生产发展中的各相关问题，促进循环经济的可持续发展。

（本文原载《当代港澳》2005年第1期）

# 第九章 从沿海开放城市到现代化国际大都市

改革开放的春风,沐浴着广州社会经济的全面迅速发展。广州作为历史悠久的沿海港口城市,改革开放以来又成为先行点的沿海开放城市之一,率先冲破传统经济的束缚,在再造广州优势中日益发挥着特殊的重要作用。本论文提出广州从沿海开放城市逐步迈上国际化大都市发展的战略构想。

## 第一节 广州经济社会发展提供的重要基础

广州得中国改革开放风气之先,采取有效的社会经济发展之策略,用好用活特殊政策和灵活措施,促进了广州社会稳定、繁荣和经济的较高速度的增长。1992年广州市社会商品零售总额达217.7亿元,对比1978年翻三番。1991年广州市的工农业总产值达到628.39亿元,是1978年的35.8倍。1993年第一季度,广州市的工业总产值达16.34亿元,对比1992年同期增长24.46%,同时期社会商品零售额达到69.27亿元,比上年同期增长35.99%。广州市社会经济的发展,为广州发挥沿海开放城市的作用有着特殊的意义。

# 第九章 从沿海开放城市到现代化国际大都市

**一、历史上广州是中国重要的通商口岸,改革开放后又是承负试验区的沿海港口城市,是中国华南重要的经济贸易中心**

广州发展贸易既得改革开放风气之先,又兼有地利等优势,日益成为中国的资金、货物等进出口的重要口岸城市之一。据有关资料显示,"七五"期间广州市上交中央和省财政200亿元,上交外汇11亿美元。1991年广州市外贸商品出口总产值达18.41亿美元,1979—1991年外贸出口商品年均增长率高达22.3%。仅据1990年的统计,广州对港澳地区的出口商品占全市商品出口的82%。同时,广州的港口、航空、公路、铁路等交通运输条件也日臻完善。如1991年,广州市的港口吞吐量达5657万吨标准箱,对比1978年增加1.8倍。广州的白云机场已成为中国三大国际机场之一,铁路、公路四通八达,这些条件的不断改善,保证了广州经济建设与发展的顺利进行。随着新一轮改革开放高潮中有关举措的实施,广州商品集散地的功能作用将进一步发挥和加强。

**二、广州率先进行市场经济运行机制的试验,为广州经济与国际市场经济的接轨提供十分重要的条件**

广州在改革开放中先行一步,成功地实施特殊政策和灵活措施,极大地解放了社会生产力,在建立和发展市场经济方面闯出了新路,各类商品及劳务活动的要素市场逐步建立和完善。放开、搞活、适度调控、科学配置,促进了经济的全面发展。

### 三、观念更新快，信息灵敏，成为广州逐步走向国际化的又一重要条件

广州毗邻港澳，面向海外，有着特殊的地理优势。目前，广州市已有70多家世界各国各地区的驻穗机构，这些机构对于了解世界、及时捕捉国际市场行情，灵活制定应变的政策和措施等，都具有特殊的意义和作用。商品意识浓，信息反馈及时，经济发展快，这与广州人换脑筋动作快，观念更新及时有着极为重要的关系。在大力发展商品经济，促进社会生产力发展，加强物质文明建设的同时，广州同样十分重视精神文明建设。尽管在集体主义精神、道德观念等方面仍有待改进，但是也应看到改革开放15年来，广州人民尊重知识、人才，讲究社会主义新风尚、经济效益观念、价值观念、竞争观念、时间观念以及多元化生活等的观念已蔚然成风。可以预见，随着以广州为龙头、"珠三角"为主干的区域市场经济的拓展，广州人接受商品经济的意识将更为浓郁，全方位开放带来的商品经济意识及观念的全面更新的时期，必将来临。

### 四、广州产业结构的优化，成为广州逐步走向国际化的重要内容

按照广州市在今后15年赶上亚洲"四小龙"的发展计划，第三产业将成为广州未来经济发展的主体产业。第三产业的迅速成长与发展，将带动广州经济的全面起飞。优化产业结构，也是广州再造优势，重振雄风。再领经济发展风骚的具体化。广州过去有商贸发展的辉煌时期，今天把广州的发展建立在"天时、地缘和人缘"等优势的基础上，必将全面推动广州国际大都市的进程。从当代世界上经济发达国家或地区经济发展的实践来考察，凡是经济增长快的，都与其把发展的基点立足于全面开放和

# 第九章　从沿海开放城市到现代化国际大都市

发展第三产业有密切的关系。例如，1990年韩国、新加坡、中国台湾、香港第三产业的比重在其三次产业中的份额分别为46.2%、63.8%、52.4%和70.7%。尽管亚洲"四小龙"的经济起飞尚有其他因素，而且他们与广州的市情有差异，但是，以发展第三产业来带动经济全面增长的实践，则无疑是广州应该也能够学习和借鉴的。

## 第二节　国际经济发展的要求与广州自由港的拓展

### 一、在当代国际经济发展的格局中，区域化、集团化的经济运作日益起着举足轻重的作用

苏联解体、东欧剧变以来，世界经济所形成的多元化竞争发展的格局，又进一步加速全球经济向区域化、集团化拓展的步伐。欧洲经济共同体以及从1993年1月1日起，由欧共体内部12个国家组成的欧洲统一大市场，亚太经济圈的形成和发展，北美的美国、加拿大、墨西哥自由贸易区的发展，特别是亚太地区作为世界经济发展中心地的形成和发展，使处于亚太地区中心地的广州，面临严峻的挑战。或者进一步实施对外开放，在新一轮的开放潮中提高广州的发展经济的自由度，把广州纳入自由港模式加以发展；或者把广州仍然与中国沿海开放城市保持在同一层次的开放度上。笔者认为对前面一种的选择，应当被作为历史赋予广州重振雄风，再领风骚，跻身于国际大都市行列的最佳选择。

二、20世纪末到21世纪初,穗港澳的经济联系和合作不断加强,十分有利于广州逐步迈向国际化大都市

就世界经济发展变化的格局而言,1997年、1999年前后,穗港澳面临着国内、国际经济发展机遇和挑战竞争并存的局面,无论从内部动力和外部压力的方面都迫切要求加强穗港澳之间的联系和合作,共创稳定与繁荣。1992年香港地区的经济增长率为5%,澳门地区为7%,1979—1991年广州市国民收入平均增长率为10.98%,同时期国内生产总值年均增长率为12.51%,社会商品零售额年均增长率为18.7%,与全国同时期比较都在前列。由此可见,如无突发因素的干扰,今后10~20年内,穗港澳将有更为广阔的联系和共谋发展的契机,三地经济发展中的互利互补,也十分有利于广州学习、借鉴港澳地区拓展自由港过程中的有益经验,营造中国华南地区又一个自由港。

三、穗港澳之间互为投资场所,互为物资、技术和人才等生产要素的集散地,同样有利于广州在资金、技术、物资和人员等方面的进出自由,推动广州经济的迅速发展

据资料显示,截至1990年年底,仅香港地区客商在广州签订的投资合同就达1640个,占改革开放以来广州吸引外商直接投资合同的91%。1979—1991年广州市实际利用外资的年均增长率为35.32%,其中1991年实际利用外资额达3.77亿美元,比1978年增长36.7倍。广州吸引外资中占75%以上是港澳资本。与此同时,广州在加强境外的经济联系和合作中,也十分重视对外投资的发展。因此,在1997年、1999年以后,建立和发展社会主义市场经济的广州与实施"一国两制"的港澳地区,尽管在体制上仍存在差异,难以在穗港澳区域实行统一的货币、

第九章 从沿海开放城市到现代化国际大都市

统一的汇率和统一的关税等政策,然而,广州作为深化改革,提高开放度的沿海港口城市,可以也应该发挥自身优势,在货币、汇率、关税等方面结合实际,制定和实施更为灵活的自由度更大的有关政策和措施,以实现与港澳地区在这些方面的早日接轨,促进广州自由港的成型和进一步向国际化大都市拓展。

## 第三节　从开放城市到自由港再到国际化大都市发展

### 一、摈弃"左"的思想,正名自由港区

目前,全世界拥有各种类型的大小自由港数百个。这些自由港区在促进一个国家或地区经济恢复发展和振兴中,日益起着极为重要的作用。世界自由港区历时近500年的发展实践证明,自由港、自由贸易区是可以移植于任何国家或地区的经济发展模式,它是人类社会发展的共同财富,并不会因为社会制度的差异而使其失去应有的功能和作用。因此,应当以辩证唯物主义的科学方法,清除"谈自由"就疑为政治上自由化的片面认识。自由本是人类社会个性发展的基本特征,经济自由则是客观经济规律发展的必然。营造自由港、自由经济区无非是强调经济运作中本应有的资本、物资、人员、技术等生产要素,在自由港、自由区内外可以自由流动。"内地造香港"的实质,也是讲学习、借鉴香港地区通过拓展自由港带动经济全面起飞的有益模式。广州从开放港口城市向自由港区拓展,其根本目的在于促进广州的经济活动中的各个生产要素,能够科学配置,合理畅流,繁荣广州,使花城富庶,逐步赶上或超过世界大都市的综合经济实力。

## 二、采取切实措施,真正解决广州经济的长足发展与教育滞后的突出矛盾,建立与广州未来国际大都市相适应的现代化教育新体制

广州的经济发展举世瞩目,然而广州的教育事业却因种种原因受到制约而发展缓慢,与迅速发展的经济形成矛盾。1979—1991年广州市各类学校数量的年均增长率仅为1.09%,而同时期广州市的工农业总产值的年均增长率达12.51%,教育发展滞后,就不可能为广州经济发展提供后劲。综观世界经济发达国家或地区,绝大多数都是通过重视科学教育,大力扶持发展科学教育事业,最后形成教育与经济发展互相促进的良性循环。例如日本,在战后一开始就狠抓投资教育,这个举措的成功是日本近一二十年经济得以持续高速发展的根本所在。因此,广州应深化教育体制改革,高度重视和下决心,投资教育,进一步放宽办学条件,尽快建立起广州的经济增长与教育发展良性循环的新机制。

## 三、广州迈向国际化大都市的近期目标

进入20世纪90年代以来,专家学者通过各种研讨,先后提出构造广州国际化大都市的各种各样的方案。笔者认为,以其进三步退两步,倒不如扎扎实实稳步前进,几年上一个新台阶,以经济发展的基础和实力为根据,寻找可以实施的具体操作方案,使广州走上国际化大都市之路。为此,目前至20世纪末乃至21世纪前五年,是落实具体方案,使广州向自由港拓展的重要时期。中国有关部门应切实给予广州实行自由港经济发展模式基本大政策和配套措施,促使广州根据市情,结合国际经济发展态势,制定和实施自由的货币、关税、汇率等政策,使广州真正实行全方位开放,形成世界所公认的自由港。这一阶段的时间需要10~12年。当然,如遇某些突发事件或不正常因素的干扰,可

第九章　从沿海开放城市到现代化国际大都市

能还要延长这一阶段的时间。

## 四、广州迈向国际化大都市的远期发展战略

广州由自由港作为入口过渡到国际化大都市，然后与港澳等地区连成东南沿海的都市群，形成拓展国际间经济联系和合作、全方位、多层次、高质量参与国际分工的竞争的区域经济实体。尽管中国沿海带中尚有上海、天津和海口等都在为创造国际化大都市而形成竞争，然而，广州从各有关要素考察，既有得天独厚的条件，又同时兼有本身的优势，广州现有和正在增强的基础和实力，使广州在成为自由港到国际化大都市中具有水到渠成的功效。一旦广州成为自由港，再加上3～5年的发展，广州作为21世纪新生代的国际化大都市，将以又一颗灿烂的东方明珠，屹立于世界现代城市之林。

（本文原载《港澳经济》1994年第5期总第140期）

# 第十章 珠三角一体化中的粤港澳合作

## 第一节 全面推进区域一体化的重要举措

2008年年底,国务院常务会议审议并原则通过了《珠江三角洲地区改革发展规划纲要(2008—2020年)》(以下简称《规划纲要》)。《规划纲要》的制定和实施是我国新时期应对国际特殊的机遇,夯实特殊区域发展的基础,加强区域分工与合作,促进区域一体化发展的重要举措。在全面落实科学发展观基础上推出《规划纲要》,为珠三角地区继续先行先试发展提供了战略性安排。《规划纲要》作为国家级层次的文件推出,内容涵盖了"试验区""先行区""重要国际门户""基地"和"经济中心"五大功能定位,这是在新形势下落实科学发展观,创新珠三角功能定位的具体展现,无疑为广东特别是珠三角地区新时期的现代化建设提供了重要的发展战略,具有重要的指导意义和深远的推动作用。

**一、《规划纲要》在总结改革开放30年来珠三角地区的发展经验基础上,对这一特殊地区继续实施特殊的发展战略提出新的更高要求**

众所周知,改革开放以来珠三角地区以经济的高速增长及社会民生等的协调发展,成为举世瞩目的"成长三角洲"之一。

第十章 珠三角一体化中的粤港澳合作

在新形势下,世界和平与发展共存的国际大环境,全球性区域一体化的持续展开,既为珠三角地区的进一步发展形成强大的外部压力,也为该地区的继续拓展提供了新一轮的重要机遇,这必然要求应以新的视野和新的理念定位珠三角地区的发展路向。

**二、实施《规划纲要》,对创新区域合作模式,继续推动新形势下的粤港澳合作,增强区域竞争力具有独特的意义和作用**

改革开放以来,珠三角地区的区域联系特别是粤港澳之间的合作卓有成效,新的发展使命要求这一地区在原有发展的基础上,更新合作理念,挖掘合作潜力,创新利益共赢的合作模式,在全面推进新时期的粤港澳合作中进一步提高区域竞争力。

## 第二节 实施《规划纲要》粤港澳合作的切入点

《规划纲要》以较大的篇幅强调指出:要"推进与港澳更紧密合作",包括推进重大基础设施对接,加强产业合作,支持粤港澳合作发展服务业,加强与港澳金融业的合作,共建优质生活圈,加强与港澳的协调沟通,推动经济和社会发展的合作等。为此,笔者认为可以考虑如下若干要点为新时期合作的突破口。

**一、在粤港金融业的合作方面,主要体现在香港国际金融中心功能的国际性与内地金融业的开放度及服务水平的亟待提高上**

广东金融业先行先试的切入点应着重突破在制度、领域等层面的限制,以行之有效的政策和措施,进一步开展和扩大对港澳地区贸易项目下使用人民币计价、结算业务试点的领域和范围。

**二、在基建投资和城市发展方面,包括港珠澳大桥在内的基建投资,通过协商达至共识,有利于更好地协调发展**

而对于大珠江三角洲地区(含港澳)城市群的建设,特别中心城市和国际大都市的建设与发展,当中的合作、竞争和互利双赢发展等,是既有合作方面的共识,又存在竞争和利益获取等的矛盾,需要合作各方妥善协调才利于更好发展。

**三、在创新和科技发展理念及投资方面,必须更新理念,加大投资力度**

近年来,广东把发展科技产业尤其是把企业自主创新能力的提高,置于重要的地位,大力推进并取得了实效。反观香港,尽管在特首的施政报告中也有涉及发展高技术产业,甚至在20世纪90年代中期建立了香港科技园,而对于需要较长时间发展高科技投资的驱动力仍显不足。可见,采取切实可行的政策措施,调动港资企业发展高科技的积极性仍然大有文章可做。

# 第三节 实施《规划纲要》的机遇及应对策略

## 一、客观认识和全面理解《规划纲要》实施的实质内容，与时俱进参与其中并取得相应的发展

《规划纲要》作为新时期国家级推进改革开放的纲要性指南，为我国特殊地区的先行先试率先发展有着重要的引擎作用。《规划纲要》的实施为港资企业在珠三角带来的发展机遇是肯定的、划时代的。因此，港资企业应以世界区域一体化不可逆转的全新视角审视发展格局，高度重视和全面理解《规划纲要》实施的内容，并采取与本企业发展相适应的应对策略，否则继续在珠江三角洲地区生存和发展就会碰到困难。

## 二、增强信心，更新理念，增创粤港澳合作新模式

在新形势下，港资、澳资企业应当充分运用本身联系国内外市场广阔，产品的设计、制造和营销等优势，主动创新粤港澳合作的模式，一方面继续发挥已有合作模式的作用，另一方面积极寻求新的更加具体和有效的合作模式，如劳务用工培训的政府与企业结合型、资金融通的企业与民间结合型、构建粤港澳风险投资基金，以及粤港澳合作综合治理环境等。

### 三、配合广东产业转型升级战略的实施,积极主动更新企业的发展路径

广东分阶段实施的产业转型战略在珠三角地区尤其凸显重大意义和作用,一年多来的实践证明,对港资、澳资企业也有特殊而重要的应用价值。因此,在新时期港资、澳资企业应主动配合和积极行动,应当考虑把谋划企业的发展思路,更新具体发展路径,成为珠三角地区港、澳资企业继续发展的定位方略。

### 四、加大对创新企业的投资力度,适时拓展高技术产业

改革开放以来,广东尤其是珠三角地区较快发展的高技术产业,已为港资、澳资企业拓展高技术产业做出了借鉴,为此,香港、澳门特区政府应以前瞻性的视角、长远发展的眼光,以营商可持续的理念推动高技术产业的拓展,或进一步加大对创新企业的投资力度,或继续加快推进香港科技园等的建设,或加强粤港澳科技合作以及与此紧密联系的教育合作等,都应当考虑成为新时期粤港澳合作中的重中之重。

(本文原载《南方经济》2009年第8期"珠三角规划纲要"论文)

# 第十一章 香港资本流向对广东的影响

众所周知,香港运作日益发生着深刻而复杂的变化。作为国际金融中心地,香港资本的流向及其运作变化的态势,对中国内地特别是广东经济发展有着重要的影响。

## 第一节 香港资本进入广东的内外动因

中国经贸部的有关资料显示,截至1990年年底,在中国批准的外国协议投资额374.35亿美元中,港资占了63%。在中国实际利用外资的196.91亿美元中,港资占了110.77亿美元。20世纪80年代,广东省累计利用外资达120亿美元,其中外商直接投资额达到78亿美元,而在这些投资额中有80%以上是港商投入的。进入90年代以来,在广东继续注入新投资的最主要的客商仍然是港商。笔者认为,港资在广东活跃运作的主要因素有:

### 一、80年代港资进入中国特别是广东所取得的经验,推动港资在新时期继续注入

80年代港资在中国内地运作特别活跃。中国创办经济特区,开放沿海14个港口城市,港资率先进入并获得益处。截至1990年年底,广东注册"三资"企业达到12232家,占同期全国的48.1%。这些"三资"企业有80%是港商投资的。据有关统计

资料显示,广东省工农业总产值中有四分之一是通过是出口实现价值的,其余"三资"企业又占了30%以上。由此可见,由于港资的注入活跃了广东的经济,使广东的经济实力提高;同时,港商也在其中积累了经验,对他们在中国内地扩大开放的新时期持续注入资本起着重要推动作用。

### 二、广东经济发展本身的内在要求

中国实施扩大改革开放的步伐,催动着广东经济的快速发展,10多年来广东得改革开放风气之先,利用特区政策和具有的各种优势,为广东经济的进一步发展准备了重要的条件。在新的历史时期,广东承担着重大的任务:在今后20年,以更快的经济增长速度赶上亚洲"四小龙",既然,过去10多年港资的注入对广东经济发展起着十分重要的作用,那么,今后20年广东经济发展要上新台阶,必然迫使广东在实施更为开放的政策中,采取更为切实可行的政策和措施,全方位吸引港资的进入。

### 三、亚太地区经济的持续发展,特别是"四小虎"的崛起所形成的外部压力

20世纪50年代以来,是亚太地区经济高速发展的时期,特别是泰国、马来西亚、印度尼西亚和菲律宾作为亚洲"四小虎"的崛起,使香港不仅面临与原有的韩国、中国台湾、新加坡的竞争与挑战,亚太地区这一区域经济发展的格局,必然影响到在新的历史时期香港资本的流动的变化态势,促使港资抓住中国全方位对外开放的机遇,扩大和增加对中国内地特别是广东的投资。

第十一章 香港资本流向对广东的影响

## 第二节 香港资本流向对广东经济发展的影响

据行家的预测，如无突发事件，从目前到20世纪末，香港资本（以下简称港资）仍将利用中国扩大对外开放的时机，通过各种途径，持续进入中国内地特别是广东。按照广东省到20世纪末的要求，广东省每年实际利用外资额要在15亿美元以上，因此，可以预见，在整个20世纪90年代港资的流入对广东经济发展带来比以往更为重要的影响。

### 一、港资投向进一步呈多元化，有利于促进广东产业结构的调整

广东在80年代引进的港资中，多属于劳动密集型的产业部门。随着广东对外开放的规模、范围等扩大和过去吸进外资积累的经验，广东本身经济的发展，要求港资今后多投向知识、技术密集的产业部门。另一方面，随着香港进入工业转型期，在香港本土工业转向科技密集型和加强制造业资本密集型投资的同时，港资对广东的投向也逐步有所改变，即在保留某些对劳动密集产业的同时，着重加大对某些高新技术产业的投向。这其中必然要求广东有关部门真正落实引导港资投向高新技术产业的政策和措施。

### 二、从沿海地区逐步向广东内地、边远地区拓展，加速广东全方位开放中吸引外资的进程

进入90年代，港资除了在原有的沿海地区投资外，主要的投资趋势已转向广东内地、边远山区拓展。广东山区的面积占全

省的64.3%，可耕地面积占全省的41.7%。1992年年初召开的省人大会上，制定了加快发展广东山区经济的决定。随着广东山区县投资环境的逐步改善，必将吸引港资的进入。广东山区丰富的资源（包括土地资源等）的开发和利用，必将促进这些地区以出口导向为主的各业的兴起和发展，而广东山区经济的崛起，必将给广东整体经济的起飞带来活力，使广东实现几年上一新台阶的目标。

### 三、港资第三次投资热潮的兴起，有利于广东各地制定和实施追赶上亚洲"四小龙"的政策和措施

自从邓小平发表重要的"南方谈话"后，广东各地都在研究和制定本地区、本部门如何在20年内赶上亚洲"四小龙"的发展战略目标。其中最为重要的就是充分利用资本主义发展经济的成功经验（包括借鉴和吸收香港地区管理经济的经验等），利用资本主义为建设有中国特色的社会主义服务。因此，广东今后20年发展战略目标的贯彻实施，无疑为香港投资者把资金、技术和设备等继续投入广东奠定了信心基础，为港资扩大对广东的投向提供了更广阔的前景。

### 四、港资的投入带动了广东第三产业特别是金融业和房地产业的发展

1992年6月底，中共中央和国务院又制定了加快第三产业发展的十三条措施，广东省在"八五"计划和十年发展计划中，已安排发展金融、旅游和房地产等第三产业发展的战略目标。广东第三产业的兴起和发展，强烈地吸引着港资进入的兴趣。例如1992年年初，霍英东家族对广东番禺南河综合经济区的投资，郑裕彤大举投资珠江三角洲的房地产业等。据有关资料显示，在港资第三次大陆的高潮中，已有1成的香港资本投向中国内地特

# 第十一章 香港资本流向对广东的影响

别是广东的房地产业。可以预见，港资对广东房地产业的投入对广东今后经济发展和20年赶上亚洲"四小龙"具有特殊的意义和作用。

## 五、港资参与广东基础设施建设，将进一步改善广东的投资环境

在投资工商企业发展的同时，港商亦逐步开始向中国内地特别是广东一些重点基础设施项目投资，究其原因主要有：

第一，前些年由于港资兴建或参与某些基础设施项目已经有所收益。

第二，与其坐等内地单方搞基础设施建设，不如直接投资建设，有利于更好更快营造投资环境。

第三，中国政局的稳定，进一步扩大改革开放的趋势，有利于港资做某些长线投资。如前些时候胡应湘投资广（广州）珠（珠海）高速公路及近期香港新世界有限公司合资兴建珠江电厂就是例证。

总之，香港资本注入广东的方式随着广东经济的发展、变化而日益凸显多元化与活跃，随着港资介入广东经济层次的加深，与广东本地资本的融合也会得到加强。

[原载北京《瞭望》（海外版）1992年9月21日]

# 第十二章 发展中国家对外开放的研究

进入20世纪80年代以来,绝大多数发展中国家先后又一次进行了经济调整(有的专家认为是第二次调整,第一次是在70年代初期),发展中国家经济调整的内容之一,就是逐步实行对外开放,以不断适应国内国际形势日益发展的要求。绝大多数发展中国家积极采取有效措施,谋求对外经济更加开放。

## 第一节 发展中国家对外开放的特点、内容

### 一、在调整经济过程中逐步提高对外开放度

发展中国家原有的经济发展体制,与其本身生产力发展水平不相适应的内在原因和不平等、不公正的国际经济关系的外部压力,直接导致了发展中国家冲破贸易保护主义封锁,迎接挑战,调整经济结构进一步对外开放。在反对贸易保护主义中,积极采取措施扩大商品和劳务出口中,例如,发展中国家通过转移商品的生产地,提高非配额产品的生产额,增加产品附加值甚至直接在发达国家投资办厂等方法,实现扩大商品出口的目的。与此同时,以出口市场的多元化带动产品出口的多样化,不断扩大商品出口的种类和数额。

完善投资环境更好地吸引外资。最近几年来,许多发展中国

# 第十二章 发展中国家对外开放的研究

家都积极采取措施,放宽对外资的限制。例如,巴西政府在1986年8月做出规定,凡属于制造业的国外中小企业允许在边境地区合资或独资办厂。又如委内瑞拉,取消对农业与其他有关产业的限制。印度则在1987年年初开始放宽优惠条件,吸引外资进入陆续建立一批科技、研究发展园地。

## 二、适时拓展新港成为绝大多数发展中国家对外开放的重要内容之一

一般来说,一个国家或地区的港口设施是否完善,是否具备先进的现代化运作的功能,对于所在国家或地区的经济发展具有举足轻重的作用。为此,绝大多数发展中国家为着更好的对外开放,根据经济发展日益国际化的要求,把完善港口设施,拓展新港,不断提高港口的吞吐能力,作为对外开放的重要内容之一。据有关资料,发展中国家拓展新港、提高新港的现代化水平采取多层次与多种模式相结合的方法。例如,完善和拓展传统的港口。采取这种措施的主要是一些生产力水平不很高、经济发展速度处于中等程度的发展中国家,因为全面大规模拓展新港,必然要碰到资金、技术物资等方面的制约,因此,只能在传统的港口上做文章,重点拓展与商品的加工、装卸进出口密切相关的码头、仓储等港口。其次是拓展那些依赖于中心城市,或者说与该国家或地区的城市体系密切相关的港口,这方面发展中国家强调港口对于中心城市的依托作用,重点拓展与工业密切相关的港口设施,因为港口工业现代化的发展,对于中心城市经济增长乃至带动整个国民经济的增长有重要的作用。再次就是拓展综合性模式的港口工业区。以港口工业部门之间的高度现代化为主要特征,朝港口的多功能全面综合发展。实践证明,发展中国家上述多层次港口的拓展,较好地在对外开放中处理了港口建设与整个经济发展的关系,并取得了一定的成绩。

### 三、对外开放与开放内地有机结合起来

对外开放与开放内地是发展中国家为了实现国民经济发展的两个重要的战略措施。世界经济发展的实践证明,一个国家或地区经济发展仅依靠对内地的开放和发展是远远不够的,必须把开发内地与对外部的开放紧密地有机结合起来,因此,绝大多数发展中国家在实施对外开放的同时,相应结合内地的实际情况,落实开放开发内地的一系列方针、政策。例如,巴西在实施对外开放的同时,加快对内开放的步伐,积极落实开发内地的有关政策,以亚马逊地区为腹地,全面开发内地的经济发展战略,基本上形成了对外开放与开发内地相结合加速经济发展的新格局。

### 四、在加强发展国际间的经济合作关系中促进本国经济的发展,是发展中国家对外开放中的重要内容

众所周知,在整个世界引人注目的国际经济关系中,南南合作称得上发展中国家积极利用国际经济关系发展民族经济的重要方面。战后以来,由于广大发展中国家或地区的努力,国际经济关系朝着有利于发展中国家发展民族经济的国际关系新次序方向发展。一方面,发展中国家或地区充分发挥本身的资源、劳动力等优势,逐步扩大出口贸易;另一方面,发展中国家在进一步扩大对外开放度,利用国际资本和先进技术等方面取得了长足的进步。同时,发展中国家利用与世界各国的交往关系,吸收国外有益的管理经验,促进经济效益的不断提高。据有关资料显示,进入20世纪80年代以来,发展中国家南南合作中得到石油输出国组织成员国的投资额就达到80亿美元以上。总之,从实施对外开放的指导思想上看,战后绝大多数发展中国家,认真总结了世界经济发展的历史经验,普遍认识到,大凡经济落后的国家或地区,之所以能够赶上甚至超过原来处于先进的国家或地区,从一

## 第十二章　发展中国家对外开放的研究

定意义讲,无不是通过实行对外开放、积极发展对外经济取得的。战后大多数发展中国家在发展民族经济中面临着资金、技术和人才等方面的困难,而这些只有积极参与国际分工,实行对外开放才能逐步解决发展本国经济所急待解决的困难与矛盾。因此,绝大多数发展中国家或地区的政府高度重视对外开放问题,先后在有关对外开放的方针、政策投资环境的完善、法律保障等方面制定专门的实施办法,并且根据实际情况的变化,及时修改补充和完善对外开放的有关规定。由于在对外开放的指导思想上的透明度的提高,促进了对外开放的持久、稳定的实施和经济的加快发展。

　　从有关政策、措施上来考察,发展中国家在经济发展中实行的是符合本国或本地区对外开放的政策和措施,并且认真落到实处,从而促进了经济的较快发展。例如,号称亚洲"四小龙"头号小龙的新加坡,根据本身所处的优越的地理位置和国际商业中心和亚洲金融中心的特点,采取彻底的全方位的对外开放政策,同时实行与之相适应的各项措施,实现本国经济的起飞。20世纪60年代特别是70年代以来,新加坡政府通过周密的调查研究,制定了冲破限制、面向世界、向一切国家或地区全方位对外开放的政策,积极鼓励和扶持外向型经济发展;同时,鼓励新型行业,扩充对外业务、国际咨询、引进外资与专利和发展高科技等税收优惠政策。此外,新加坡还在出口、风险投资资金等方面给予外国投资者以特别鼓励的政策。所有这些对本国经济的腾飞起到了举足轻重的作用。

## 第二节　发展中国家对外开放
## 　　　　理论与实践的启示

### 一、对外开放必须是既有共性又有个性的对外开放

随着发展中国家参与国际经济活动，为建立有利于发展民族经济的新的国际经济关系的斗争，坚持实行对外开放已成为发展中国家十分重要的组织部分。世界经济发展的历史证明，在当今开放的世界中，随着世界经济活动日益国际化，发达国家的对外开放与发展中国家的对外开放相互交替，紧密联系，逐步形成整个世界对外开放关系的国际化、一体化。世界在开放中发展、前进。对外开放最大地制约着各个国家或地区的经济活动，这就是对外开放的共性所在。然而，每一个国家或地区在整个开放的世界中各自所实行的对外开放政策又必然具有各自的个性，即必须结合本国本地区的实情实行对外开放，否则对外开放不能促进经济的发展，反而会在某种程度上阻碍经济的发展。例如，有的发展中国家在实行对外开放中急于求成，忽视了本国的具体国情，在资金和市场问题上过高估计自己的经济实力，过分依赖外资和国外市场，造成经济发展的被动性增大，债台高筑，这些无疑直接影响到发展中国家发展民族经济的后劲和速度。

### 二、必须在法律上保证对外开放的实施

实行对外开放涉及政治、经济、社会、历史、文化等部门和领域，在对外开放发展过程中必然会产生各种各样的复杂问题，因而能否制定比较完善的符合实际要求的一系列法律和法规，并

## 第十二章 发展中国家对外开放的研究

且切实按照国际惯例办事,无疑成为一个国家或地区实行对外开放的重要保证。目前,我国是一个法律和法规有待完善的国家,8年多来的改革开放的实践证明,我国在实行对外开放、对内搞活的过程中,由于法律、法规某些方面的不完善而制约着吸引外资、技术等的发展;另一方面也造成有关优惠政策不能得到实行。在有关国际交往中风俗成规定也未能得到重视和落实。所有这些不能不影响到我国对外开放的成效。我们认为,这方面可以借鉴香港或者台湾省建立专门机构制定和落实相关的法律和法规的做法。以台湾省为例,台湾省先后颁布所谓的"外国人投资条例""华侨回国投资条例"和"技术合作条例"等,此外,还制定了所谓的"公司法""专利法""商标法""劳动关系法""工厂法""租税法""出口加工条例"以及制定实施吸引外资、引进先进技术密切相关的法规等。通过这些法律、法规的实施,卓有成效地保证了对外开放的进行,从而促进了经济的快速发展。尽管台湾成为亚洲四小龙之一还有其他因素,但不可否认其完善的法律法规的实施在其中所起的重要作用。

### 三、必须在对外开放中加强精神文明建设

既然,我们处于国际化的世界活动中实行对外开放的,那么,毫无疑问在对外开放中伴随而来的世界各个国家或地区的文化、信息等方面的相互影响是不可避免的。有专家曾做过精辟的论述:认为任何一个国家或地区的文化如果不吸收其他具有进步意义的外来文化,那么将是没有生命力的。因此,我们在对外开放中必须十分重视和正确处理保持具有民族特色的文化与吸收先进的具有时代生命力的文化的关系,正确认识对外开放并不等于全盘"西化",既要反对那种封闭式的文化、艺术,又要采取有效的措施抵制某些资产阶级腐朽的"精神文化"。在具体上重要仍在于不断加强社会主义初级阶段的精神文明教育,帮助广大人

民群众树立健康的社会主义文化和道德观念。

### 四、对外开放并不等于放弃对经济活动的必要干预

一般来说,发展中国家对外开放是为充分利用国际和国内资源,利用国际和国内两个市场,引入市场机制,减少国家对经济活动的干预,达到加速发展本国本地区经济的目的。但这绝对不是放弃必要的干预,因为发展中国家独立以后,普遍遇到市场发育不成熟与市场调控机制不健全并存,民族经济弱小与外资强大并存等问题,因而如果放弃对经济活动的必要干预,任凭市场经济自发起作用,那么,不仅不能加速民族经济的发展,反而会造成某种程度的破坏作用。当然,国家对经济活动的必要干预,应有利于适应国内外发展的要求,适时调整干预的重点、范围和程度,以保证宏观调控作用的有效实现。

(本文原载中国开放城市研究会主办的《开放城市研究》1989年第1期)

# 第十三章 研究国际问题，探索发展态势

自 1992 年年初邓小平同志发表"南方谈话"以后，中国进一步扩大对外开放，学习世界先进经验，振兴中华民族屹立于世界之林的热潮一浪高一浪。1992 年年底，中共中央胜利召开的党的十四大，它向世界表明，中国将一如既往地实施全方位的对外开放。中国将在新的国际环境中以时代的要求，不断完善和平共处的原则，参与国际联系、分工和合作。作为中国南大门的广东，它参与国际联系和合作更具特殊的意义和作用。

在新的历史时期，广东制定了 20 年赶上亚洲"四小龙"的发展战略，广州市和广东省的其他各地市，也结合本身的实际制定出追龙赶龙的发展规划。许多研究部门也迫于大势，相继后发而上，紧紧抓住当前国际国内的有利时机，参与国际问题特别是亚洲"四小龙"的发展研究。实际上，探讨这些经济发达国家或地区发展状况及有益经验蔚然成风。

## 第一节 研究与探索的主要特点

### 一、结合实际，制定亚洲"四小龙"的发展规划

例如，广东省委、省政府制定出今后用 20 年时间赶上亚洲

"四小龙"的发展战略。广州市委、市政府则提出用15年左右的时间赶上亚洲"四小龙"。深圳市委、市政府也制定出用20年的时间追龙赶龙的发展规划。广东省的其他地市也分别制定出本市在今后15～20年内追赶"四小龙"的发展战略。

## 二、突出研究国际社会经济联系和合作问题，借鉴国外发展的成功经验

1992年美国、韩国等的总统大选，中日邦交正常化20年，中国即将恢复关贸总协定缔约国的地位，港督易人等一系列重大事件的发生及其带来的一系列影响，从一定意义上促进了对国际关系问题的深层研究。

（一）围绕追赶亚洲"四小龙"，广东省的有关部门加强了对国际关系问题的研究，对此问题的研究室、所、中心等先后建立

例如，广东省国际技术经济研究所建立以后，几年来卓有成效地开展了一系列国际问题的大小型研讨活动。又如1992年12月底成立的广东国际关系促进协会，是一个以"官、产、学"为主三位一体、颇具特色的研究团体。这一研究机构，不仅包括国际经济关系，同时也包括政治、文学、历史、教育、新闻等多学科的多层次国际关系问题的研究，按照这个协会未来的发展计划，它将成为中国南方专司国际关系问题咨询与研究的重要阵地。此外，另一些具有相当研究实力的学术团体也逐步扩展研究的领域，例如，早些年建立起来的广东粤港澳经济关系促进协会，根据新形势的发展要求，已在1992年年底把研究范围扩展为广东粤港澳台经济关系促进协会。与此同时，不少研究部门紧紧抓住国际问题中具有时代的重点、热点进行探索。例如，深圳经济学会和1992年年底新成立的暨南大学现代管理研究中心，

## 第十三章　研究国际问题，探索发展态势

也分别把研究追赶亚洲"四小龙"的重要问题摆到议事日程。

### （二）配合研究的资料准备有方

不管是政府官方的研究部门有定期或不定期的信息期刊（资料），民间的学术团体也十分重视研究资料的收集与汇总。有的学术团体通过组织研讨会或年会，开展国际问题的探讨和作为研究资料的积累，等等。例如，为迎接中国重返关贸总协定带来的挑战及制定相应的对策，广东省企业管理协会、暨南大学现代管理研究中心为此制作了"重返关贸总协定"的录像片和亚洲"四小龙"经济发展概况的录像片。广东粤港澳台经济关系促进协会也把创刊多年的《粤港澳市场透视》（月刊），拓展为《粤港澳台市场透视》，最近新成立的广东国际关系促进协会拟出版广东国际关系促进协会会讯和创办《龙周刊》杂志，如此等等。毋庸置疑为广东实施20年追赶"四小龙"的总体发展战略，提供了十分重要的研究信息和资料。

### （三）经济圈、区域研究呈白热化态势

1992年各种形式的国际问题研究深入开展，除了诸如华南经济圈、环太平洋经济圈、东盟经济圈、亚洲经济圈、大西南经济一体等的研究外，国际区域间的研究、国家或地区本身的区域研究同样如火如荼地进行。例如，1992年年初在澳门大学举行的"澳门与欧共体——90年代的挑战"国际研讨会，广东省组织了有政府官员、研究部门的专家学者和企业界代表30多人参与研讨，会后由省计委牵头组织材料，向省委、省政府做详细书面汇报。1992年年中，中山大学珠江三角洲经济与发展研究中心，为进一步开展对举世瞩目的珠江三角洲区域研究，成功举办了"珠江三角洲经济发展回顾与前瞻"研究会，紧接着又进行了第二届珠江三角洲经济发展的项目招标投标活动，此次课题投标项目之

85

多,参加人数之众,足以证明各界对区域研究的高度重视。

**三、广东的省、地、市有关部门牵头组织有关人员赴亚洲"四小龙"的相关国家或地区进行考察活动,进一步推动了研究国际问题,参与联系合作的活动**

为着了解、探讨和借鉴亚洲"四小龙"社会经济发展的成功经验,1992年年初以后,广东的省、地、市有关部门组团或派出考察小组,分赴亚洲"四小龙"有关的国家或地区进行实地考察、调研,一方面加强了相互之间的友好关系,另一方面从中汲取许多有益的可供借鉴的启迪,这对广东赶上亚洲"四小龙"有着特殊的意义。

## 第二节 广东对国际问题的研究应当重视的若干问题

(1)广东的省、地、市等制定各自追赶亚洲"四小龙"的发展战略时,不应把着眼点仅仅放在若干主要的指标上,而应当以本身社会生产力发展的现实状况,把追赶亚洲"四小龙"的发展战略目标放在与综合国力相类似的综合省力、市力等的对比上,只有这样才能做到有的放矢,科学地、准确地把本身生产力发展水平与亚洲"四小龙"国家或地区进行对比。从而找出存在的主要问题,制定出在20年时间赶上它们在某一发展时限上的发展水平的可行性战略。

(2)在广东今后20年追赶亚洲"四小龙",实地考察亚洲"四小龙"有关的国家或地区必然成为学习、研究和借鉴的重要内容。但是,组团或派员出访考察一哄而上。各部门不应搞

## 第十三章 研究国际问题,探索发展态势

"轮番轰炸式"的考察,而应当做出可行性的规划,有目的分期分批地实施。与此同时,对参与实地调研考察的成员,应当考虑具有各方面的代表性,具体上就是最好考虑出访人员的"官、产、学"相结合——既有政府官员,又有企业界代表,也有科研单位和高等院校的代表参与。

(3) 广东省目前已有专门从事国际问题研究的官方机构,如广东省国际技术经济研究所等,同时也有非官方的民间国际问题的研究机构,然而,这些研究部门"各自为政"的居多,"协同整体作战"的研究少。今后,随着广东对国际问题研究的全面深入开展,很有必要建立既有分工,又有合作,有利于在整体研究等方面承担重大国际问题的协调综合性研究机构,以促进广东对国际问题研究层次与水平的提高。

以上仅仅是对广东在开展国际问题研究若干方面的描述,难免挂一漏万。总之,14年来广东得改革开放风气之先,率先进行社会主义市场经济的试验,为全国的改革开放做出了历史意义的贡献。进入90年代以后,广东对国际问题的研究又有了新的发展,研究国际问题,探索发展态势的"国际问题热",今后一定时期必将在广东继续升温。

(本文原载《信息参考》1993年总第46期)

# 第十四章 关于价格改革研究

## 第一节 我国价格体制改革中应注意的几个问题

当前,随着我国经济体制改革的日益深入,我国的价格体系、价格管理体制方面的改革也在逐步展开。我国实行的过分集中的价格管理体制,是我国 30 多年来价格不合理的主要原因。因此,改革不合理的价格管理体制是事关我国的经济发展,加速四个现代化建设重大决策。就目前已逐步进行的我国价格体制的改革来看,笔者认为必须注意解决好如下几个问题:

**一、在价格管理机构的设置上,必须减少价格审批的中间环节**

商品的价值,除了主要取决于生产该商品所花费的社会必要劳动时间外,还要受到劳动生产率、市场供求等因素的影响,而这些因素的变化又是十分频繁的和复杂的。这样,商品价格的制定就必须考虑这些因素的变化并及时进行调整。然而过分集中的价格管理体制,造成商品价格的制定常常需要"过五关斩六将",不仅审批的层次多,而且时间长,妨碍了价格作为经济杠杆作用的发挥。在这方面笔者认为匈牙利的做法是值得我们参考的。匈牙利价格体制改革后实行的只有中央和企业二级定价机构。匈牙利政府还规定,实行自由价格的产品若要提价,企业向上级提出报告后,国家物资价格局必须在3周内给予答复。当然,匈牙利的具体情况与我国不同,我们不能照搬人家的做法。但我们可以从中得到启示,改革我们在价格管理体制中的机构重叠、层次过多的设置。就是对于必要的价格审批程序,也应分别轻重缓急、规定合适的价格审批期限。这样才能建立起符合我国经济发展状况的比较合理的价格管理机构。

## 二、在逐步缩小国家统一定价范围,进一步扩大企业定价权限的同时,必须加强宏观经济方面的控制

过去我国过分集中的价格管理体制,违背了商品经济内在规律的要求,忽视了价值规律的重要作用,束缚了社会生产力的应有发展,把企业统得过死,没有什么活力。现在,我们有必要给企业一定的定价权,但是,不能一下子放得太宽,以免造成一放就乱。例如1984年特别是下半年以后,有些单位、部门乃至个人利用国家对某些商品定价权限的进一步放开,刮起一股乱涨价、变相涨价、哄抬价格等不正之风,损害国家和人民群众的利益。对此我们应予以足够的重视。对某些影响国计民生的重要商品的定价及价格管理权限的下放一定要慎重,某些已经下放经过实践证明暂时还不宜下放的要收回来,待条件成熟后再行下放。我们不能一讲改革过分集中的价格管理体制就连必要的、适当的集中都不要了。要把国家在宏观经济方面的控制与企业的微观经济活力有机地结合起来,真正做到大的管住管好,小的放开放活。在这方面匈牙利处理得较好,政府对价格管理权限采取国家定价的固定性与企业定价的灵活性相结合,个别定价与综合定价相结合。用匈牙利经济学家的话来说就是做到宏观经济不失控,微观经济有活力。而南斯拉夫在这方面是有过教训的。1965年以后,随着工人自治权的进一步扩大,在价格管理体制放开的步

子也相应扩大了,联合劳动基层组织,社会政治共同体对价格拥有的管理权限增加了。特别是1981年以后,南斯拉夫在公布的《价格制度的基础和价格的社会监督法》规定中,把国内市场的供求关系、国际市场的价格水平及其对国内市场的影响、各部门平均的劳动生产率作为价格形成的主要依据。把市场机制、价值规律的作用放到了过分重要的地位,在某种程度上忽视了国家在宏观经济方面的控制对于整个国民经济所起的重要作用。因此,最近几年来,南斯拉夫的物价连年波动较大,各种物价和费用上涨速度加快,迫使南斯拉夫政府连续多次冻结物价,使国民经济遭受损失。据有关统计资料,南斯拉夫的劳动生产率连续4年下降,1983年,南斯拉夫的社会总产品实际下降1.3%,个人消费品下降1.7%。造成这后果的原因,价格体制改革中定价权限的过分下放不能不是一个重要的方面。南斯拉夫联盟主席团的领导人曾经指出,由于商品(包括主要商品)定价权限的过于分散,因此,虽然政府多次冻结物价,但一些共和国自治省物价共同体在冻结物价前就直接批准了一大批商品的涨价。由此可见,南斯拉夫过分强调放开,忽视宏观经济控制的教训是深刻的。

## 三、必须建立符合我国经济状况的价格法

价格管理体制的重要内容还包括对价格的检查和监督,它是实施价格决定的重要保证。但是,应该看到,我国社会主义计划商品经济的生产是多种多样的,由此带来的社会主义商品交换也是极为复杂的,这就给我们的物价管理工作带来了艰巨性。这几年来的实践证明,有关部门每组织一次检查,市场物价就相对稳定一些。而检查过后,各种违反物价政策和纪律的东西又重复出现,"上有政策,下有对策"的不正之风,使得国家正确的物价政策难以得到落实。因此,我们认为结合我国实际,在对价格实行社会监督的同时,逐步建立中国式的价格法。这样有利于在广

大人民群众中间树立起价格的法律观念,使人们普遍认识到执行党和国家的物价方针、政策,不是对国家或上级部门的对策问题,而是必须承担法律责任的重大问题。使我国的物价工作既有社会方面的检查监督,又有法律起保证作用,更好地发挥价格杠杆在国民经济中促进生产和流通,稳定人民生活的作用。随着我国价格体系和价格管理体制改革的深入进行,建立我国价格法的基本条件已经具备,有关部门应着手这方面的工作。

## 四、必须健全和配备适应新形势要求的物价工作系统

价格管理体制的重要内容之一,是对物价的管理和监督问题,而这项工作是通过各级物价部门来进行的。因此,要有一个组织得好、强有力的能够适应新形势要求的物价工作系统(包括机构和队伍),才能搞好这项工作。然而,随着大批商品的放开,特别是1982年以来,国家先后公布了500多种商品实行工商协商定价后,有的单位或地区误认为越是放开,物价部门越是无事可做,因此,把一些本来必要的物价机构和人员也撤销或压缩了。例如,四川省宜宾地区的供销系统1984年年底的物价专职干部比1983年年底减少了18.4%,一些单位原有的物价机构也合并到业务、财会等部门。笔者最近到省商业厅、省供销社及佛山市物价局做过调查,这些单位原有的物价专职干部缩减了50%以上,原有的物价机构(例如商业厅、供销社的物价处)取消了,物价工作并入业务或统计部门。上述这些情况一定程度削弱了物价的管理和监督工作。我们认为,随着大批商品的放开,物价部门的日常事务性的工作无疑有所减少,但是我们也应该看到,不仅物价部门管理的商品的价格有一个如何进行管理和监督的问题,就是已经放开的商品的价格仍然有一个如何进行管理和监督的问题。例如,防止工商协商定价中出现的违反国家物

价政策和纪律的问题，物价部门为工商双方及时提供有关价格信息，等等，特别是在新形势下探索物价管理和监督的规律性方面还有大量的工作可做。因此，笔者认为不能随便撤销物价机构和压缩物价人员，要保持物价机构和队伍的相对稳定性。必须在深入调查研究的基础上，结合实际健全和配备能够适应新形势要求的物价机构和队伍。只有这样，才能使我们的物价管理和监督既有事可做，又能把这项工作加以系统化、科学化。

（本文原载《价格月刊》1985年第10期）

## 第二节　论以企业行为为中心内容的价格体制

实际上，增强企业特别是大中型企业的经济活力已成为我国经济体制改革深入发展的重要内容。因此，探讨价格管理体制在企业中的构造，有着十分重要的现实意义。

### 一、应当把价格管理机构的设置重点放在企业或经营单位一级

随着我国国家统一定价部分的逐步缩小和企业定价范围的扩大，国家方面的主要精力在于对价格总水平的宏观控制上面，国家的宏观控制除了必要时采取行政的直接控制手段以外，主要是通过间接措施实现对价格的管理和监督。这样，随着企业自主权、定价权限的逐步扩大，企业担负着对商品价格进行决策和管理的重要责任，因此，企业的价格管理机构的完善与否直接关系到自身的经济效益，直接关系到企业的自我改造、自我完善和发

# 第十四章 关于价格改革研究

展、自我控制能力的增强。中共中央在第七个五年计划的建议中指出，要进一步增强企业特别是全民所有制大中型企业的活力，使它们真正成为相对独立、自主经营的社会主义生产者和经营者。由此可见，经济改革的重点是如何增强企业活力的问题。无疑，价格体制改革也要符合这个要求。因为完善企业的自主权的一个十分重要的标志，就是给予企业必要的商品定价权，这是关系到企业能否在国家政策的指导下，根据市场的需要，调控自己的生产，开展社会主义的竞争，真正发挥价格作为经济杠杆重要调节作用的重大问题。实践证明，如果企业或经营单位不能自主定价，市场价格机制就无法正常运作。总之，把价格管理设置的重点放在企业或经营单位一级，对于发挥企业这个国民经济细胞的作用有着特殊的意义。第一，企业作为商品生产和交换的最基层单位，对自己生产商品的劳动生产率了如指掌，这就有可能结合市场的供求状况对商品价格进行有效的决策管理，这也有利于企业决策能力、管理能力和应变能力的增强。第二，有利于根据实际情况的变化及时调整和完善价格管理机构的设置，从而增强企业的自我完善能力。第三，有利于落实完善企业经营责任制。因为企业自主权的扩大及其经济法人地位的确立，使企业直接负有管理企业经营活动的法律责任，这也有利于保证企业责任的完善和发展，从而为国民经济的发展多做贡献。此外，在搞好物价管理机构设置的同时，健全、充实配备好必要的物价管理干部队伍，努力提高他们在新形势下的物价管理水平，这也是建立新型价格体制在组织上的重要保证。当然，我们在强调价格管理机构设置应该简政放权把重点放在企业一级的同时，也要考虑到中央和地方的物价管理部门中那些属于"综合性经济管理部门要给予充实和加强，努力提高他们决策的科学水平和宏观控制调节能力"。

对于中央与企业之间的价格管理机构的重要作用，波兰经济学家弗·布鲁斯通过总结苏联、东欧国家进行经济改革的经验曾经指出：无论是集权还是分权的模式都无例外地应当有中间一级的价格管理机构存在的必要性，因为它"是中央权力机构延长的手，是为分配中央任务和执行中央规定而服务的体制中的一个环节"。"是研究解决一个生产部门的企业（横向组织成一个纵向一体化化企业集团的共同问题的经济有机体）"。布鲁斯这一观点对于我们健全和完善价格管理机构是有一定启迪的。（参见〔波兰〕弗·布鲁斯《社会主义经济的运行问题》，中国社会科学出版社1984年版，第195页）

## 二、应当实行国家定价、地方定价、企业定价并以企业定价为主的多元化价格决策系统

这是建立和推行新型价格管理体制的价格管理权限上的重要保证。根据这一特征，结合实际逐步完善间接控制措施，在价格管理权限上应是逐步实行中央（或国家）、地方、企业又以企业价格决策为主的多元价格决策体系。无论从苏联、东欧社会主义国家在价格管理权限方面的实践，还是考察1949年后，我国的价格发展史，我们都可以看到一个突出的特征，这就是在价格管理权限上如何处理集权和分权，发挥中央和地方、国家和企业的积极性问题上需要具有较高的科学艺术，我国过去集权过多又转为分权，分权过头了又转为集权，围绕集权—分权—集权—分权上打圈子，一直未能找到处理中央和地方、国家和企业、集权和分权关系的最优方法。历史的经验和价格改革的实践告诉我们："对消费资料除了极少数重要商品仍由国家定价外，一般商品要根据市场供求状况有计划地逐步放开，对重要的生产资料，要逐步减少国家统一定价的比重，扩大市场调节价的比重，……重要的公用事业及主要劳务收费标准或价格仍然由国家管理，并进行有计划的调整，其他属于第三产业的价格逐步放开。"（《中共中

第十四章　关于价格改革研究

央关于制定国民经济和社会发展第七个五年计划的建议》，第64页）由此可见，在我国的商品生产和商品交换中，从商品的品种和数量上来看，企业和经营单位所享有价格决策权的部分占了绝大多数；另一方面，承认企业享有必要的定价权，就是承认和肯定企业作为相对独立的经济实体地位的重要方面，企业有了定价权，才有利于开展竞争，才谈得上市场作用的发挥，搞活企业才有希望，我们正是从这个意义上讲，我国今后应逐步从过去中央和地方物价管理为主转变为以企业或经营单位为主的价格管理体系。当然，我们强调应把必要的物价管理权限下放给企业或经营单位，同时也要防止企业或经营单位操纵价格，左右国家对于国计民生重要商品的价格决策，以各种不正当的途径获取利润的状况，因为在我国社会主义条件下，企业或经营单位的性质、地位和作用，决定其行为必然要受到有计划商品经济的制约。因此，国家有关部门还必须对企业定价进行指导和必要的检查与监督，"做到既有必要的价格弹性，而又不至于影响价格对企业的参数性质"。（参见［波兰］弗·布鲁斯《社会主义经济的运行问题》，中国社会科学出版社1984年版，第188页）实现统一性和灵活性的有机结合。中央或国家的价格决策主要是以保持物价的基本稳定为原则，坚持基本消费品和生产性货物及主要的劳务收费的统一定价，从宏观上控制全国物价的总水平，以期实现总供给与总需求的大体平衡。至于地方各级物价部门的价格管理权限，主要是中央或国家的规定必须根据本地区实际确定的那部分商品的价格管理和有关归地方管理的收费标准。

### 三、在价格管理具体形式上必须是少数商品价格和劳务实行计划价格（国家统一定价），多数实行浮动价格和市场调节价格

我国现阶段实行的是有计划的商品经济，因此，国家对主要商品货物和劳务实行计划价格并不因经济改革而过时，而是在新形势下的进一步完善，把计划性和灵活性更好地有机联系和结合的问题，现阶段我们所以要对一部分关系国计民生、物资紧缺的商品以及主要劳务实行国家统一定价，这既是有计划商品经济的客观要求，也是搞好国家经济建设和人民生活得以安定改善的重要保证。总之，保留一部分商品的国家统一定价，有利于国家对宏观经济的控制，也符合现阶段中国实际的，这一点是我们进行价格改革，建立新型价格体制中必须重视和坚持的原则。浮动价格实际上是一种指导价格，它是一种把计划性和灵活性相结合较好的价格形式，因为它既受国家所既定的浮动幅度和产品品种的制约，即受到国家计划的指导和调节，又允许企业在既定的范围内灵活掌握，这样不但有利于国家方面的宏观控制而且有利于企业或经营部位的微观搞活。当然，实行浮动价格仍然有一个如何完善的问题，例如在价格管理中必要的间接调控手段逐步健全完善的条件下，实行浮动价格的幅度和范围都应做出相应的调整，这里面不能离开财政、信贷、物资和外汇基本平衡等配合。

市场调节价格，这主要指城乡集市中自由成交的工农产品价格、日用小商品的价格、服务修理行业的劳务收费以及三类农副产品和三类物资价格，或称计划外的农副产品和三类物资价格。这是一种与社会主义经济发展相适应的价格形式，因为我国多种经济成分的并存，有计划商品经济的发展，必然要求允许一部分商品价格基本上由价值规律来调节生产和流通，但是，这种价格形式在性质上不同于资本主义完全市场经济条件下的那种自由价

格，因为这种价格不仅存在着受价值规律调节的一面，同时还要受到社会主义基本经济规律等社会主义其他经济规律的制约。因此，社会主义国家可以通过必要的经济手段，对这部分实行市场调节价格的商品进行调节和控制。当然，社会主义下部分商品和劳务实行市场调节价格，同样会出现各种违法行为，这就要求国家在运用经济手段对市场调节价格进行间接调控的同时，还要加以行政乃至法律上的措施进行必要的干预和控制。对如何在社会主义经济体制运行中正确处理经济手段和行政手段的关系上，波兰经济学家弗·布鲁斯认为，"必须把经济手段当作通例，而把运用行政手段看作例外，作为一种例外，它们只有在经验已经证明其必要性的情况下才应当加以运用"。同时，"在经济手段本身不完善，必须有行政手段时，也不应当放弃经济手段"。（参见［波兰］弗·布鲁斯《社会主义经济的运行问题》，中国社会科学出版社1984年版，第194页）

### 四、在多种价格管理形式中还应当考虑行业价格问题，可以在具备条件的行业电子行业试行行业定价

随着目前我国正在进行推行横向经济联合的发展，这种价格形式具备了存在发展的基础，实行横向经济联合解决企业隶属关系和条块分割的根本途径。横向经济联合是商品经济存在和发展的基本内容之一，要大力发展商品生产就必须发展横向经济联系过去那种条块分割的僵化局面，必然在生产、流通等方面限制了商品经济发展的必然要求。我们知道，在商品经济条件下，生产者和经营者的经济利益主要是通过商品价格运作来实现的，因此，横向经济联合的发展，必然有一个如何在国家宏观政策的指导下制定自己的商品价格问题，因为同业工会"整个组织中的中心点，是每个成员都同等分享那些对全体来说都有保证的特权和利益"。"它们按照互相商量的价格出售商品，它们的商品都

有一定的质量,要经过公开的检验并且往往盖上印记作为保证,它们还共同规定向当地居民购买产品时许可支付的价格等等。"(马克思:《资本论》(第三卷),人民出版社 1975 年版,第 1020 页)因此,根据极少数商品和劳务实行计划价格,绝大多数实行浮动价格和自由价格的原则,今后企业定价、行业定价应占我国商品和劳务的绝大部分。

(本文原载《广西物价》1987 年第 4 期)

# 第十五章 试论股份制中应注意的若干问题

随着经济体制改革的深化,我国所有制改革中的股份制经济问题日益引起普通的关注,成为改革的热点之一。如果从1984年中共中央一号文件中提出的"鼓励向各种企业投资入股"以及同年7月26日北京天桥百货股份有限公司正式开业——作为我国第一个股份公司算起,股份制在我国已有5~6年之久,而如果从1980年11月2日《人民日报》发表的《集股大试行》算起则时间更长,有股份制10年之说。试行股份制是我国经济体制改革中所有制方面的重大突破,尽管目前股份制是作为慎重的试行阶段,但可以预见到它在我国社会主义初级阶段所显示的强大生命力。当然,股份制在试行中必然会出现某些问题,为此,笔者认为要从如下几个方面去注意和妥善解决。

## 第一节 试行股份制要注意结合实际,有的放矢

一是要防止通过"攻关"随意降低要求,让不符合条件的企业试行股份制;二是要把衡量能否实行股份制,作为推动企业进一步自我改造、自我完善的外部条件;三是要把重视和发挥企业干部、职工的积极性和创造性,提高企业本身素质作为企业发

展的内在动力。试行股份制的目的之一,在于增强企业活力,促使企业在竞争中发展和完善,即使没有试行股份制企业也同样面临在挑战中竞争,在竞争中生存和发展的严峻考验,一样要求不断提高企业的活力。让一部分企业试行股份制。符合我国社会主义初级阶段生产力发展水平的要求,这要求也决定了在一个较长的时期内,我国的股份制经济不能脱离中国的国情片面拔高和任意发展,更不能搞全部企业的股份化,即使是在当今商品经济高度发达的美国社会,实行股份制的企业,约占全部企业总数的90%。

## 第二节 必须正确处理好金融和法律问题

### 一、必须正确处理股份制企业与银行等金融机构的关系

作为股份制企业主要是通过发行股票等筹集企业发展的主要资金的,然而,企业作为生产者或经营者,必然与银行等金融机构发生密切的关系,例如,企业并不全都是一次性购买生产商品所需要的生产资料、原材料、设备等物资的,而是分多次购买,待产品销售后再回笼货币适时再购买的,这就需要银行等金融机构来承担企业资金的往来、结转等工作;另一方面,企业通过发行股票所筹集的资金,并不一定能完全满足企业发展中所需要的资金要求,一旦企业碰到银根紧缺时,也十分需要银行等金融机构的帮助,以便能够融通资金。在发达的商品经济条件下,企业与银行等金融机构的关系莫过于唇齿相依的关系。因此,随着我国金融市场的进一步完善,高度重视企业与金融机构的融合是十

分重要的发展战略。

## 二、股份制经济的发展有赖于法律方面的保证

可以考虑在试行股份制经济中实践证明条件具备的首先立法，然后随着我国经济改革的深入发展，借鉴、参考和吸收国外股份制法律体系中的有益经验，逐步修改、补充和完善有关的法规，以形成适应我国现时社会主义初级阶段生产力发展水平的股份制法规体系，促进我国经济的健康发展。

## 三、在试行股份制经济中，必须十分明确和重视个人股应有的地位和作用

从某种意义上讲，股份制与公有制会产生某种程序的对立，既然是把企业作为股东组成一个生产或经营单位，那么，在这里每个股东的权益和义务都应当是平等的，所不同的是股东对企业股权的大小而异。个人股作为集体股的对称，在一定程度上讲，前者所产生的效益要比后者明显，因为每个作为个人股的股东都以最大努力参与企业的生产要求或经营活动，以最大的热情关心企业的命运，把企业的兴衰与个人的切身利益紧密联系在一起，企业兴旺发达，个人随之得益，反之则一损俱损。由此可见，个人股更有利于为企业的生产或经营活动注入活力，可以为企业的资产增值、企业的利润获取催动契机。实行适度的个人股在我国社会主义初级阶段实行股份制中是必要的也是可能的，是与社会主义初级阶段的生产力发展水平相适应的。当然，个人股在企业中究竟占多少为宜，这仍然是值得深入探讨的问题，而且不同的行业、不同的企业应当有所区别。

# 第三节 必须加强进行股份制的理论探讨和宣传工作

### 一、必须继续深入开展股份制的理论探讨

股份制经济在我国社会主义初级阶段试行既然是新生事物，同样必然出现许多新的问题，这就要求理论工作者在总结股份制试行经验的基础上，深入探讨我国股份制的发展趋势和前景（当然包括股份制试行中的相关配套措施）。特别要研究在不同的社会制度下如何实施股份制经济，探讨我国社会主义初级阶段实行股份制的具体形式，在目前我国试实行股份制中如何才能协调国有股、企业股、个人股之间的关系？如何在实行股份制的企业中进行资产评估？股份制与承包制、租赁制的关系如何？怎样才能做到三者的有机结合和发展等，都是值得理论与实际工作者深入探讨的重要课题。

### 二、必须重视和加强对我国社会主义初级阶段试行股份制的宣传工作

这里我们要特别强调的是，资本主义条件下的股份制私有化与目前我国试行的是公有制为主体的、国有股为主导多层次的股份制是有根本区别的。实践证明，我国以公有制为主体的多种经济并存发展的格局将在较长时期实行，这样要想较好地处理各种不同经济成分之间和同一经济成分内部的各种协调关系，最好的联结纽带就是逐步实行股份制。实行股份制可以把股东关心资产增值效率的内在动机和股份制的企业在市场竞争中外部压力有机

## 第十五章 试论股份制中应注意的若干问题

统一起来,达到"一石数鸟"的成效。此外,试行股份制有利于把消费资金转移到生产领域,缓解一方面生产企业资金不足,另一方面人民币待购、超前消费的问题,有利于把资源(资金)优势转化为经济效益。据统计,到1988年年底,全国城乡储蓄存款和人民手持币额达5000多亿元。在供求矛盾突出、供给严重短缺的情况下,这巨额货币一旦成为出笼的老虎则后果不堪设想。试行股份制是把一部分闲置资金及时引入生产领域的最佳选择,利国利民利社会。此外,逐步试行股份制的一个突出问题,还需要拓展和完善股票交易市场。因为股份制除了要有一定资金作为基本条件外,还要有能够及时融通资金(包括各种证券)的市场,允许股票的转让、买卖等。股票既是持股票人取得利息和红利的凭证,又具有指导资金流向的重要作用。由此可见,股票市场的拓展必然成为衡量推行股份制经济发展的重要标志。因此,加强对这一命题的宣传工作十分重要。

(本文原载《金融与企业》1990年第1期)

# 第十六章　关于期货市场的探讨

## 第一节　关于建立广东商品期货市场的建议

期货市场首先是在商品经济比较发达的西方资本主义国家或地区采用的。但是，期货市场与之相应的期货交易本身则是商品经济日益发展的必然产物，它并不会因为被打上社会的烙印而失去其本身的功能和作用。党和国家领导人多次指出，凡是有利于社会主义生产力发展的都应该提倡和实行。随着改革开放的深入，我国经济的发展与世界经济的联系日益加强，广东作为商品经济比较发达的地方，又是全国综合改革的试验区，这本身就是建立商品期货市场的有利条件。再者，广东人受传统的思想、习惯的约束较少，人们的思想开放、视野广阔，有经济头脑，容易接受新事物等都给广东引入期货市场提供了可能性。特别是最近几年来，广东率先利用外资、发行债券、社会集资办实业、开展信用卡等就是最好的证明。据此，笔者认为广东省建立商品期货交易所，开展期货交易势在必行。

### 一、关于如何建立广东的商品期货市场

笔者认为要从如下几方面入手：首先，落实有关措施扶持发展期货市场。引入期货市场，开展期货交易，必然涉及一系列部

门,因此,在统一认识的基础上,应切实落实与引入期货市场有关的生产企业、商业、供销、物价、金融、公证和工商管理等部门的密切配合。诸如,受理开展期货交易的单位或个人的法人资格,期货交易市场的设置,进行期货交易的办公设施以及期货交易合同签订的公证,期货商品或货物的交割时间、地点以及用于交易商品或货物的品种、数量、质量,等等,都应该在认真调查研究的基础上做出相关的规定。

其次,落实必要的期货准备金,发挥宏观调控职能。与现货交易不同,期货交易主要是以合同形式进行近、远期的实物贸易,这实际上是执行着批发商品或货物的功能,这在一定程度上起到了吞吐产品平抑物价、平衡市场供求的作用,客观上为国家根据社会发展的总体需求,对商品或货物的供求进行宏观调控提供了可能性。但是要把它变为现实性,还必须建立期货市场调节基金(或称期货准备金),以便在参与商品或货物的价格发生大幅度升跌时,及时调节参与商品期货交易的商品或货物的供求。例如,当参与期货交易的商品价格大跌时,国家通过代理人动用期货准备金购进期货;反之,当商品价格暴涨时,则推出以准备金购进的期货商品,达到平抑物价调节供求的目的,保证期货市场商品交易的顺利进行。

## 二、健全和完善有关的经济法规

实际上,建立期货市场进行期货交易,必然会碰到期货业务活动中的买空、卖空行为,因为进行期货合同交易中的最大特点就是买空、卖空,为了减少或避免期货交易中出现的各种不利因素,我们必须加以正确的分析。虽然期货交易对于发展社会主义条件下的商品生产和交换,对于社会主义生产力的发展能起到一定的积极作用,但以买空、卖空为主要特征的期货交易无疑存在着消极的作用方面。因为期货交易的最终目的仍然是追求利润,在这过程中不可避免会产生通过期货交易，操纵市场，垄断价格进行投机活动严重损害消费者利益甚至违法行为。因此，在健全相关的经济法规的同时，还必须加强对期货交易的司法工作，以确保期货交易的正常进行。

### 三、拓展广东期货交易应分阶段进行

要经历试验阶段、推广普及阶段和全面发展阶段。在前一阶段主要是把期货交易作为试验性引入，建立不同类型的商品期货交易所，首先要发展商品期货交易市场，因为商品期货是整个期货体系的基础。其次要制定拓展商品期货市场进行期货交易的制度或章程，充分利用广东原有比较发达的商品市场，把现货交易和期货交易有机结合起来，在这一阶段，进行期货交易的商品在商品总量中只占少数，要对这少数商品的期货交易进行有计划、有步骤的调查、分析和研究工作，以便为第二阶段的推广积累经验。在第二阶段的推广普及阶段，主要在前一阶段的基础上，较大规模地推行商品期货交易的各类、范围和数量等，同时考虑到商品期货交易以外的其他业务活动也是整个期货市场体系的重要组成部分，应当逐步拓展货币期货、股票期货、证券期货等业务活动此时，在整个商品交易中进行期货交易和现货交易的份额各占50%。第三阶段是期货交易的全面发展阶段，期货市场遍及全省，整个期货市场初具规模，进行期货交易的种类、范围和数量发展到绝大多数的商品领域或部门，成为推动社会经济发展的强大的利好因素。在这一阶段，进行商品期货交易的商业或其他货物，占到总商品量的70%以上，至此，广东期货市场初步形成。

（本文原载《南方日报》1989年5月31日）

第十六章　关于期货市场的探讨

## 第二节　广州期货面面观

### 一、"第三热点"的形成和发展态势

同任何事物都具有产生、发展的过程一样，广州期货也有催动其产生、发展的内、外因素。如果说广州商品经济的快速发展是广州期货产生发展的内在因素，那么诱发广州期货最为重要的外在因素则无疑是邓小平1992年年初再次视察南方的推动力。

邓小平等中央领导同志的指示，为正在发展中的南粤大地投入了"催化剂"，给广东省经济上新台阶，全面建立和发展市场经济增添了生机和活力。广州期货市场的形成和期货交易的开展，正是这种条件下培育、产生和发展起来的新事物，它作为建立和发展广州市场经济的重要组成部分，一开始就形成了咄咄逼人的发展强劲势头，成为广州经济发展中继证券、房地产之后的"第三热点"。

广州期货市场的形成和期货交易的开展，除了类似前面已提到的"催化剂"产生的效应以外，还在于广州经济发展本身。广州得改革开放风气之先，是我国最早开放的沿海城市之一，广州采取积极的经济发展之策略，成功地用好用活特殊政策和灵活措施，促进了广州的经济繁荣和较高速度的发展。据有关统计资料显示，1992年广州市的社会商品零售总额达到217.7亿元，居全国第三（仅次于上海、北京）。但是，如果按人平均年消费品额计算，广州则雄居全国第一。这个数字要比1978年翻三番。同期广州市共建有商业网点8.86万个。广州市的集市贸易成交额以平均每年34%的幅度递增。1993年第一季度广州市的工业

总产值达 163.34 亿元，比上年同期增长 24.46%；同时期社会商品零售总额达到 69.27 亿元，比上年同期增长 35.99%。广州市经济的快速发展、市场的繁荣兴旺，客观上造成了与传统的现货贸易出现困难和矛盾。迫切要求拓展期货市场和开展期货交易，以适应广州市场经济的发展需要。另一方面，广州作为我国改革开放最早的试验区、先行点，经过 14 年来的发展，其生产资料市场、生活资料市场、资金、劳务、信息、房地产和技术等市场也先后得到较充分的发育和成长，这些市场的逐步完善以及各种要素市场间的相互作用，一定程度带动和促进着广州期货市场的形成和发展。

自 1992 年开始，由于孕育广州期货的各种有利的外界要素的催化，更主要是由于广州前 10 多年的商品经济的快速发展新时期广州市场经济开始迈上新台阶等内在要素的冲动，广州期货犹如雨后春笋般呈现在南粤大地的中心地。继广州橡胶期货交易所建立之后，又有广东万通期货公司、广东星汉国际期货公司等先后建立。据广州市工商局的统计，截至 1993 年 3 月底，广州市已有 17 家各类期货公司正式办理了登记注册手续。此外，尚有一批正在紧锣密鼓进行建立期货市场的前期准备工作，由此可见，经营期货正日益成为颇具吸引力的投资热点。1993 年 4 月中旬，广州第一个商品期货市场的广州橡胶交易所易名为"华南期货交易所"，并根据形势发展的要求，进一步拓展期货市场的场所，增加进行期货商品交易的品种，以及提供更为完备的现代化设施，逐步向规范化、多功能的国家级期货市场发展，毋庸讳言，随着广州市市场经济的全面建立和发展，在把广州建设成为国际性大都市的运作中，广州期货市场的建立和期货交易的开展，必将在广州赶上亚洲"四小龙"的活动中起到极为重要的特殊作用。目前，广州期货交易的商品中，除了橡胶、大豆、棕榈油外，还有铜等有色金属，至于外汇期货，据国家外汇管理局

## 第十六章 关于期货市场的探讨

广东分局的一位负责人陈述,国家有关部门已同意广东作为外汇期货的试点,具备条件的金融机构有的已经申请开展外汇期货交易业务。最近国家有关部门又批准居民可以自由进行外汇买卖,因此,随着有关条件的逐步成就,外汇期货交易必将成为广州期货发展中的一支生力军。

### 二、发展广州期货市场的思考

**(一)进一步更新观念,提高认识是拓展广州期货的重要前提**

"换脑筋"同样适用于广州期货业的发展。当前,建立和发展社会主义市场经济的极其重要的内容就是大力发展要素市场,逐步完善市场体系。广东是我国最早改革开放实行特殊政策的省份,其经济社会等方面进行了超前的研究和实践,特别是绝大部分商品的价格放开由市场调节和培育市场体系等方面,做出较早的探讨与实践。若干年前,笔者曾在一篇文章中提出广东应引入期货市场,开展期货交易的建议(《南方日报》,1989年5月31日),主要基于广东毗邻港澳,开放最早,商品意识强,经济发展快,特别是包括广州在内的"珠三角"经济增长快,而其现货交易已在生产与销售之间形成某种程度的矛盾与局限,迫切需要借鉴香港或者国外发展期货交易的经验,更好地促进这一地区经济的快速发展。其次,必须对期货交易中的买空卖空给予恰如其分的评价。既然,期货交易是参与者双方以合同形式把进入期货交易商品的品种名称、价格、规格及其具体的交割日期确定下来,那么中间必然有一个从签约到交割时间差问题,不可避免会产生某些从事期货交易当事人的投机行为,然而,正是其中的正当的投机行为,活跃了市场,促进了商品经济的大发展。即使出现是非正当的投机行为,我们也不能因噎废食,只要在开展期货交易中加强和健全必要的法规,把期货交易逐步引入正常交易秩序和规范化运作中,期货交易就可以达到兴利除弊,促进经济发展的目的。

### (二) 广州期货市场中的资信问题

实践证明,期货交易具有二高一强(即高智力、高风险和专业性强)的特点。一般而言,投资风险与投资回报率成正比例的,期货交易这种特点所形成的诱惑力吸引着众多的投资者进入。目前,广州期货交易暴露出的一个突出问题,就是人们对参与期货交易的资信问题不重视,有的期货公司既无开展期货交易的必要资金,又无交易场所、电话等交易工具,以致出现期货公司的经理或主要负责人欺骗客户,携带保证金潜逃的个案。因此,有关部门在审批期货公司时,必须严格资信调查,对不具备从事期货交易业务的必需的资金、场所及交易设备等,应坚决不予审批,以切实保护客户的利益,保证广州市期货交易的正常开展。

### (三) 广州期货交易的规范化运作问题

目前,作为广州经济展的第三热点期货贸易已在广州市场繁荣和发展起来,而处于起步阶段的广州期货交易不可避免地存在"大江之下,鱼虾混杂"的局面。有的期货交易是经过有关部门审批合法进行的,而有的则是由于期货诱惑而自发进行地下经营的,有的期货业务运作不规范,等等。因此,广州期货交易的规范化问题是当前亟待解决的重要问题。笔者认为,为了更好地适应广州期货业发展的要求,有必要采取切实可行的措施,促进广州期货交易逐步向规范化发展。

## 第十六章 关于期货市场的探讨

1. 建立和发展符合广州生产力发展要求的多层次的期货交易场所

可以考虑把试点（起步阶段）—推广—普及作为广州期货发展的三阶段来进行，凡经过有关部门严格进行可行性研究确实具备进行期货交易的，及时审批；另一方面，应当从严从速限制甚至取缔地下的、非法的期货。

2. **严格广州期货交易程序的标准化**

参与期货交易的双方都必须履行有关开展期货交易业务的资格审查和登记手续，并经过有关期货公证部门的确认。

3. **必须提高广州期货交易具体交割的履约率**

一般来讲，从事期货交易的买卖双方从签约开始，只是交易的第一步，关键还在于双方具体交割的履约程度。既然，期货交易双方在从事期货业务中必须承担一定风险，那么，一经签约无论发生什么情况都不应违约，一旦违约应当由有关公证部门做出违约方赔偿履约方的处理界定，只有这样才能保证广州期货交易的正常秩序的逐步形成。

（四）必须强化广州期货交易中经纪队伍的培训逐步提高他们的业务水平

刚刚起步的广州期货，虽然已经形成一批参与期货交易的经纪人，但良莠不齐。有的有期货知识，但是实际操作经验不足；有的则连起码的参与期货交易的基本常识都不懂，但是却自以为"四两可以拨千金"，更多的是"半路出家"人，因招架不住期货业利高的诱惑，雄心勃勃玩期货，尽管其中有个别的成为赢家，但是大多数都有输的经历（当然某些进行地下期货交易骗取客户保证金的例外）。由此可见，在当前广州期货方兴未艾的发展中，普及期货交易的业务知识训练成为当务之急，特别是对那些从事期货交易的经纪人，更应该加强期货业务基础知识和具体操作的训练,以便形成一支合格的、实际操作水平较高的经纪人队伍,并适时建立广州期货交易所急需的期货经纪公司,保证广州期货交易在建立和发展广州市场经济中正常运作。

(五) 广州期货交易中的法律保证问题

广州期货市场的建立与期货市场业务的开展,必然要求形成一套相应的制度加以制约,特别是要求建立和完善必要的与广州期货发展要求相适应的法律制度,以保证广州期货交易正常有秩序地进行,尤其是对当前一哄而上,市场及其交易比较混乱等的状况,有关部门应采取严格的措施,坚决支持和保护合法的、正常的期货交易,坚决取缔非法的、地下期货业务,必须不折不扣地贯彻落实国家工商总局最近颁布的《期货经纪公司登记暂行办法》,使广州期货交易逐步走向法治期货的轨道。

(本文是1992年广州市哲学社会科学规划项目《广州期货市场研究》的部分成果,原载《高校理论》1993年第8期)

# 第二部分
# 关于新时期经济发展的探索

# 第十七章　创新开放发展，推进粤港澳深度合作

主要从发展理念的分析作为切入点，重新梳理了对外开放发展在特定时期发展的由来，特别是我国改革开放以来的发展态势，结合"十三五"发展规划的新要求，对粤港澳三地开放发展理念进行新的分析。在此基础上，对新时期全面推进供给侧改革，深化粤港澳经济合作提出了新思考。包括全面深化改革，着力提高广东对外开放新水平；把握"一带一路"倡议的实施机遇，提升合作新水平；更新理念，继续深化粤港澳科技合作，提升合作成效；推出"深港通"，促进粤港经济合作的新发展；加强和发挥广东在泛珠三角地区合作中的重要作用。

## 第一节　开放发展对促进经济社会运行的实践意义

经典作家揭示了人类社会发展进程中对外开放发展的规律。马克思对此做过精辟论述："由于开拓了世界市场，使一切国家的生产和消费都成为世界性的了……过去那种地方的和民族的自给自足和封闭自守状态，被各民族的各方面的相互往来和各方面

的相互依赖所代替了。物质的生产是如此,精神的生产也是如此。"① 列宁认为,社会主义社会是在资本主义基础上产生的崭新社会,社会主义社会不能与世隔绝,只有实行开放,向一切国家包括向资本主义国家学习,才能求得发展。"社会主义实现得如何,取决于我们苏维埃政权和苏维埃管理机构同资本主义最新的进步东西结合的好坏。"②

列宁不仅深刻阐述了社会主义国家实行开放的必要性,还提出了利用外资和科学技术的具体办法,如实行租让制、建立合营公司企业接受外国贷款、邀请外国专家帮助苏俄搞建设,等等。

毛泽东同志也很重视对外开放,他依据"外因是变化的条件,内因是变的根据,外因通过内因而起作用"原理提出了"自力更生为主、争取外援为辅"的建设方针。他还明确提出了"向外国学习"的口号和方针。毛泽东同志根据中国的具体条件,进行了一定范围的创新和提升。例如,1956年毛泽东同志在发表著名的《论十大关系》中,高瞻远瞩地提出要正确处理好内地与沿海的关系,正确处理国内与国外的关系等问题,要积极通过对外开放,建设社会主义的新中国的著名论断。毛泽东同志在《论十大关系》中关于"中国和外国的关系"一章节中指出:"一切民族、一切国家的长处都要学,政治、经济、科学、技术、文学、艺术的一切真正好的东西都要学。但是,必须有分析有批判地学,不能盲目地学,不能一切照搬照抄。"③《论十大关系》是探索一条适合中国情况的建设社会主义道路的最初尝试,其中许多思想至今仍具有重要的指导意义。

邓小平同志总结了我国几十年社会主义建设的经验教训,指

---

① 《马克思恩格斯选集》第1卷,人民出版社1972年版,第254-255页。
② 《列宁选集》第3卷,人民出版社1972年版,第511页。
③ 《毛泽东文集》第7卷,人民出版社1999年版,第41页。

# 第十七章 创新开放发展,推进粤港澳深度合作

出:"我们总结了历史经验,中国长期处于停滞落后状态的重要因素是闭关自守。经验证明,关起门来搞建设是不能成功的,中国的发展离不开世界。"他说:"任何一个民族、一个国家,都需要学习别的民族、别的国家的长处,学习人家先进的科学技术。"① 与此同时,邓小平高度评价了特区的作用,"特区是个窗口,是技术的窗口,管理的窗口,知识的窗口,也是对外政策的窗口","特区将成为开放的基地"。②

在改革开放不同时期,邓小平同志提出了一系列"两手抓"的战略方针。江泽民同志提出了在推进社会主义现代化建设过程中必须处理好12个带有全局性的重大关系。胡锦涛同志提出了科学发展观全面协调可持续发展。党的十八大后,习近平同志提出了中国特色社会主义事业五位一体总体布局等。

党的十八大后,习近平同志到地方考察的第一站就选择广东,在我国改革开放先行地提出"改革不停顿、开放不止步",发出了继续深化改革、扩大开放的明确信号。在我国发展新阶段,习近平同志深刻阐述改革开放的重大意义:"改革开放是决定当代中国命运的关键一招,也是决定实现'两个一百年'奋斗目标、实现中华民族伟大复兴的关键一招。"早在亚太经合组织工商领导人峰会上的演讲中,习近平同志就强调:"我们将实行更加积极主动的开放战略,完善互利共赢、多元平衡、安全高效的开放型经济体系,促进沿海内陆沿边开放优势互补,形成引领国际经济合作和竞争的开放区域,培育带动区域发展的开放高地。"③

---

① 《邓小平文选》(1975—1982),人民出版社1983年版,第88、122页。
② 《邓小平文选》第3卷,人民出版社1993年版,第51、52、130页。
③ 杨圣明、赵瑾:《实施更加积极主动的开放战略——深入学习习近平同志关于对外开放的重要论述》,见《人民日报》2015年1月5日。

习近平总书记指出:"下一步怎么开放发展,党的十八届五中全会已经做出部署,我在全会第二次全体会议上的讲话中也提出了要求。希望大家不断探索实践,提高把握国内国际两个大局的自觉性和能力,提高对外开放质量和水平。"2016年5月,习近平总书记在省部级主要领导干部学习贯彻党的十八届五中全会精神专题研讨班上的讲话中又强调:协调发展、绿色发展、开放发展、共享发展都有利于增强发展动力,但核心在创新。抓住了创新,就抓住了牵动经济社会发展全局的"牛鼻子"。

实际上,经过中国改革开放30多年的建设和发展,广东经济迅速发展的一个根本原因,是不断深入地开展经济体制改革,并在深化改革中进一步促进对外开放的发展,从而形成了广东经济增长与高速发展。由此可见,改革与开放相辅相成,相互补充,共赢发展。

## 第二节 "十三五"发展规划的新要求

《广东省国民经济和社会发展第十三个五年规划纲要》提出:"十三五"时期经济社会发展的基本理念,必须按照中央要求,牢固树立创新、协调、绿色、开放、共享的发展理念,实现"十三五"时期发展目标。实现"两个率先"的目标任务,确保在2018年率先全面建成小康社会,实现"第一个率先";同时厚植发展优势,启动"第二个率先",培育发展新动力,并释放发展活力,拓展发展空间。同时要求在保持经济中高速增长、迈向中高端水平方面,广东提出在明显提高质量效益的基础上实现全省地区生产总值年均增长7%,到2020年全省地区生产总值将达到11万亿元,确保提前实现比2010年翻一番的目标。同

## 第十七章　创新开放发展，推进粤港澳深度合作

时，加强供给侧结构性改革，增强制造业核心竞争力，培育壮大战略性新兴产业，大力发展海洋经济。到 2020 年，基本建立具有国际竞争力的产业新体系。继续坚持全面深化改革，深入推进重点领域改革攻坚，到 2020 年基本建立比较完善的社会主义市场经济体系。坚持创新驱动发展，以建设珠三角国家自主创新示范区和全面创新改革试验试点省为引领，加快建立开放型区域创新体系的步伐。巩固提升珠三角城市群核心竞争力，推进粤东西北振兴发展，构建城乡区域协调发展新格局。广东省在落实国家"十三五"规划的五大发展理念中的开放发展战略目标，是坚持开放发展，增创国际竞争新优势。开放是国家繁荣发展的必由之路。坚持开放发展不动摇，内外需协调、进出口平衡、"引进来"和"走出去"并重、引资和引技引智并举，加快融入全球化的步伐，发展更高层次的开放型经济，提升国际竞争力，构建开放发展新格局，基本建立开放型区域创新体系，加快建设创新驱动发展先行省，构建创新型经济体系和创新发展新模式。全面推进科技创新取得重大突破，初步形成开放型区域创新体系和创新型经济形态，国家级高新技术企业大幅增长，自主创新能力居全国前列，综合指标达到创新型国家水平。提升与欧美等发达国家及新兴市场经济体合作水平。加强与欧美发达国家多层次经贸合作，以引进先进技术、高端人才和优质管理为重点，集聚高端生产力，培育有全球影响力的先进制造基地和经济区。

香港特区行政长官梁振英在 2016 年《施政报告》中指出：香港特区政府十分重视并积极参与国家"十三五"规划的工作。香港特区政府政务司司长主持"与内地合作督导委员会"，并将继续领导各部门，以"国家所需、香港所长"为策略取向，充分发挥香港作为国家"超级联系人"的作用。加强香港与内地的联系与合作，特区政府致力于扩大驻内地办事处的网络和提升职能，将增设 6 个联络处，目标是每个办事处将下设 2 个联络

处。各政策局和部门将继续推动与内地的多元交流合作。香港特别行政区政府将带领香港社会各界凝聚发展共识,着力发展经济、改善民生、促进和谐,抓住国家制定"十三五"规划、实施"一带一路"建设等带来机遇,进一步谋划和推进香港长远发展。澳门特首崔世安在2016年发表题为"促经济、重民生、稳发展"的财年施政报告中指出:要把发挥自身独特优势与依托祖国坚强后盾结合起来,充分把握祖国新一轮发展的机遇,把握国家"十三五"规划、"一带一路"建设的机遇,以及内地自贸试验区建设的契机,提升特区在国家经济发展、对外开放中的地位和功能,进一步创造更多有利的条件,增加澳门未来经济发展的新动力。不断深化粤澳合作和区域合作,拓展国际交流,积极参与国家进一步对外开放的发展战略;加速建设"一个中心、一个平台",促进澳门经济社会可持续发展。

## 第三节 深化粤港澳经济合作

《广东省国民经济和社会发展第十三个五年规划纲要》提出,要深化粤港澳紧密合作。创新粤港澳合作机制,打造粤港澳大湾区,形成最具发展空间和增长潜力的世界级经济区域。全面落实粤港、粤澳合作框架协议,深入实施CEPA有关协议,推进粤港澳服务贸易自由化,重点在金融服务、交通航运服务、商贸服务、专业服务、科技服务等领域取得突破。鼓励引进港澳创新人才和创新资源,建设粤港澳人才合作示范区。发挥港珠澳大桥等跨境基础设施功能,辐射带动珠江西岸地区加快发展。深化粤台在高新技术产业、新兴产业、服务业和现代农业等领域的合作。据此,笔者通过分析提出如下若干思考。

# 第十七章 创新开放发展,推进粤港澳深度合作

## 一、全面深化改革,着力提高广东对外开放新水平

敢想敢闯岭南人,改革开放潮头立。继往开来谋发展,理论实践硕果鲜。我国改革开放以来,对外开放一直是广东的独特优势。新时期广东将通过实施更加积极主动、互利共赢的对外开放战略,打造对外开放新水平,推进外向型经济发展转型升级,大力支持企业"走出去"。同时,形成优势互补、互惠互利、共同繁荣的粤港澳合作局面。

坚持改革开放是中国特色社会主义建设发展之根本所在,是广东改革开放 30 多年来先行发展持续发展的重要内容。新时期广东落实"十三五"规划纲要中的重要举措,就是切实坚持继续解放思想,贯彻"创新发展、协调发展、绿色发展、开放发展和共享发展",包括其中含金量颇高的开放发展理念和发展战略。坚持开放发展量和质的辩证统一,全面推进供给侧改革的实施,在继续提高对外开放度(量)的基础上不断优化对外开放素质。继续拓展互利合作,全面提升经济国际竞争力。运用广东改革开放以来积累的厚实基础,发挥广东对外开放的新优势,积极参加"一带一路"和广东自由贸易试验区建设。包括发挥广东作为全国贸易大省的优势,以经贸合作为重点,加强与"一带一路"沿线国家合作。也包括以营造法治化、国际化、便利化营商环境等为主要内容,高标准建设中国(广东)自由贸易试验区。与此同时举广东全省之力,参与全球经济合作和竞争,继续推进新时期的粤港澳深度合作。创新开放发展新机制,加快建设与国际接轨的开放型经济新体制。强化内外互动,全面提高对外开放新水平,构建有广东特色的对外开放发展新格局。

## 二、把握战略实施机遇,提升合作新水平

古有丝绸之路,今有"一带一路"。国家"十三五"规划中

要求推进"一带一路"建设。坚持共商共建共享原则，开展与有关国家和地区多领域互利共赢的务实合作，打造陆海内外联动、东西双向开放的全面开放新格局。要求健全"一带一路"双边和多边合作机制。推动与沿线国家发展规划、技术标准体系对接，推进沿线国家间的运输便利化安排，开展沿线大通关合作。建立以企业为主体、以项目为基础、各类基金引导、企业和机构参与的多元化融资模式。加强同国际组织和金融组织机构合作，积极推进亚洲基础设施投资银行、金砖国家新开发银行建设，发挥丝绸之路基金作用，吸引国际资金共建开放多元共赢的金融合作平台。充分发挥广大海外侨胞和归侨侨眷的桥梁纽带作用。据中国旅游业界权威人士称，未来五年通过实施"一带一路"倡议，将给沿线国家或地区带来2000亿美元的旅游收入。2016年5月18日，在香港特别行政区政府举办的"一带一路"倡议论坛上，中共中央政治局常委、全国人大常委会委员长张德江指出：香港是中国的一个特别行政区，也是"一带一路"建设的一个重要节点。香港在"一带一路"建设中具备区位优势、开放合作的先发优势、服务业专业化优势和文脉相承的人文优势等独特优势，能够发挥重要作用。我们分析后认为，随着内地特别是广东与香港、澳门各方面联系不断加深，内地经济形势和改革开放进度对香港、澳门的发展无疑产生举足轻重的影响。因此，香港和澳门应适应国家实施"一带一路"倡议的实质性要求，在新时期构建全方位对外开放格局、推动经济结构适时转型升级、实现稳定的可持续发展，这也是港澳地区未来发展的重要意义和作用之所在。而从国家层面来考察，通过"一带一路"倡议的实施，把我国改革开放30多年来通过工业化和市场经济取得的有益经验，推广到沿线的国家和地区，实际上是对全球经济深层次和水平的开放。无疑，实施"一带一路"倡议可以增强跨境经济往来，有助于香港和澳门（主要与欧盟和葡语系国

# 第十七章 创新开放发展，推进粤港澳深度合作

家地区）一直以来扮演的重要中介角色向更高层次提升。众所周知，我国实施"一带一路"倡议，是我国在新时期实施新一轮扩大开放的重要举措。习近平总书记曾形象地指出，这"一带一路"，"就是要再为我们这只大鹏插上两只翅膀，建设好了，大鹏就可以飞得更高更远"。就连在美国具有重要影响的咨询公司麦肯锡的研究也认为，"一带一路"给全球经济增长贡献80%的地区的经济带来提升，并且有望于2050年前将30亿人口带入中产阶层行列。实际上，在历史上广东、香港、澳门就是陆上丝绸之路和海上丝绸之路的重要节点，为世界经济发展做出过特殊的重要贡献。今天"一带一路"作为世界上迄今最长的经济走廊建设中，广东、香港、澳门作为联系亚洲、欧洲重要纽带的特殊地位，在"一带一路"建设发展中发挥重要作用意义深远。

## 三、更新发展理念，深化和扩展合作空间

根据《广东省国民经济和社会发展第十三个五年规划纲要》的安排，"十三五"时期广东要抓住珠三角自主创新示范区这个"龙头"，突出广州、深圳的"双核"作用；抓住高新技术企业这个"牛鼻子"，力争2016年内新增国家高新技术企业1000家，总量达1.2万家以上；建设好广东国家大科学中心、省科学院，实施推动国家重点实验室倍增计划，推进高水平大学、高水平理工科大学及重点学科建设；培育智能制造、云计算、大数据、3D打印、可穿戴设备等新兴产业；大力引进创新创业团队和领军人才，对符合条件的外籍人才及随行家属提供签证居留和通关便利；加强对内对外创新合作，积极融入全球创新网络。到2020年，广东省要初步形成开放型区域创新体系和创新型经济形态，综合指标达到创新型国家水平，R&D投入占地区生产总值比重不低于2.8%，技术自给率超过75%，科技进步贡献率超过60%。

我们通过分析认为，香港自从1997年回归祖国以来，尽管某一时期产业"空心化"等问题有所缓解，然而考虑产业多元化仍然不足，特别是在大力发展服务业的同时，发展制造业尤其是高技术产业方面是较大的制约因素。特别是在世界经济日益全球化发展的背景下，如何在保持原有的金融、航运、贸易和旅游产业优势发展的同时，发展有高科技含量产业，并以此促进多元化产业的协调发展，是香港今后继续保持多个国际经济中心发展的重要内容。

早在2015年年底，香港科技园公司董事会主席罗范椒芬就认为，香港基础科研已达世界水平，但关键是未能将基础研究带到市场，发展成新产业。香港有人才，也有科研实力，但发展创新科技需要政府部门相互配合，成立创科局有助统筹创新科技发展，联系人才、资金和市场。推动创新科技发展的同时，亦要考虑重新发展香港工业，建议政府重建工业邨，兴建多层大厦，配合科研成果发展。高增值产业香港于创新科技发展上，已落后邻近城市，例如深圳、新加坡等，但她仍然对香港有希望，期望香港人的思维可以改变，明白创新科技是未来发展的出路，要抢先"储弹药"，而"一带一路"的基本建设完成后，沿路的发展中国家将会是创新科技产业的大市场。

实际上，2015年11月20日，香港特区政府成立了创新及科技局。旨在推动与全世界最顶尖科研机构合作的机会；推动智能生产和研究发展适合香港为基地的工业，创造优质和多元的就业机会等统筹协调香港创科发展，香港特区政府在资金方面也向创新和科技给予倾斜。梁振英在2016年施政报告中表示，为进一步鼓励由大学教育资助委员会资助的院校进行更多中游及应用研究，政府将预留20亿港元给予创科局，用投资收入资助院校进行研究。由此可见，香港世界级的各类专业人才众多，而改革开放以来粤港经贸联系活动密切，这无疑为粤港科技合作提供了

# 第十七章 创新开放发展，推进粤港澳深度合作

厚实的基础。

众所周知，香港本身人多地少，特别是近年来随着香港经济整体发展，使香港本身赖于进一步发展的地理空间有所缩小，而一旦科研成果转化为产品以后，所需要大量生产场所仅在香港则难以满足要求，这就需要依靠内地，尤其是广东等地来提供，这成为新时期粤港科技合作发展中十分重要的基础条件。有资料显示，香港建立的科学园发展规划中，把医疗、机械人和智慧城市3条主线作为今后的发展方向。2016年年初香港特首发表的《施政报告》中也指出，要在东九龙试验建造首个"聪明城市"，而利用年轻人的创意发展创新科技，成为香港未来发展重要战略。而国家"十三五"规划中推出"大众创业、万众创新"的要求，这实际上为广东和香港在未来创新科技等方面的合作发展提供了重要的基础，特别是近年来广东深圳在无人机、机器人等方面取得了显著的成效，这无疑十分有利于深化粤港科技合作的深入开展。此外，应当采取切实务实可操作性强的政策措施，为香港、澳门入粤的创新团队和创新人才营造良好的创业环境，如近期在横琴澳门青年创业谷配套了总规模20亿元人民币的专项资金，建立的澳门青年创业投资引导基金等模式，应当成为新时期深化粤港澳科技合作的重要内容。

## 四、推出"深港通"，促进粤港经济合作新发展

在2016年8月16日，国务院正式宣布推出"深港通"。这将为今后继续深化改革，进一步加强粤港经济的深度合作发展提供了现实和可能。香港特别行政区前行政长官梁振英也表示："深港通"是继"沪港通"之后，国家对香港股票市场和内地股票市场互联互通推出的又一项重大举措，尤其是未来在全球经济前景不明朗的情况下，有助于推动香港的经济发展。同时，创新科技是国家"十三五"规划的重要发展战略。香港绝对有能力

成为国家在创新及科技领域的"超级联系人",把握国家"互联网+""中国制造 2025"等战略所带来的机遇。创新和科技是推动全球经济发展的重要动力,香港的新经济已经呈现。鼓励创新、创业,为香港人提供更多的事业发展机会。实际上,我们发现,经过多年的发展,香港的创新科技发展已经有一定的基础,社会各界的认识也有了一定的提高。香港特区政府表示要在新时期加大对创科资源的投入,包括对所需的资金、技术、设备和人才等方面。[1] 2016 年 5 月 16 日据《香港信报》报道,港交所(00388 - HK)重推收市竞价交易时段(俗称 U 盘)及市场波动调节机制(俗称冷静机制或冷静期),以迎接配合"深港通"的实施。由此可见,香港与广东合作发展创新科技的前景十分广阔。

---

[1] 罗锐:《香港特首梁振英率团到惠州考察:加强科技创新方面的合作》,见《南方日报》2016 年 4 月 17 日。

# 第十八章　珠三角实施创新驱动促进区域经济发展

主要从广东"十三五"规划要求出发，结合实施创新驱动发展战略，论述新时期珠三角与粤东西北共同激励发展的内外因素，通过分析提出新时期实施珠三角创新驱动发展战略促进区域经济发展的思考：继续全面落实《珠江三角洲地区改革发展规划纲要（2008—2020年)》（以下简称《规划纲要》），为珠三角地区先行先试，推动创新驱动发展，促进合作发展；珠三角与粤东西北比翼齐飞；继续全面推进实施新农村现代化建设；加强和发挥在泛珠三角合作中重要作用；增强激励功能，深化珠港澳合作发展，共建大珠三角优质生活圈康乐家园。

## 第一节　"十三五"规划与广东创新驱动发展

事实上，改革开放成就了广东发展，广东的持续发展又进一步推进了改革开放的深化。新时期全面深化改革为牵引，有利于推动全方位开放格局。资料显示，2015年广东全省研究与试验发展（R&D）经费支出超过1800亿元，占国内生产总值的比重达2.5%，技术自给率达71%，科技进步贡献率达57%，有效发明专利量和PCT国际专利申请量保持全国首位，区域创新能力位居全国第二。同时,新增新型研发机构124家,建成科技企业孵化器399家,新增河源、清远2个国家级高新区,新增国家级高新技术企业1816家,增长19.6%,高新技术产品产值5.3万亿元。① 2016年2月16日,对广东整体发展颇具重要意义和影响的全省创新驱动发展大会的顺利召开,标志着新时期广东实施创新驱动发展战略,大力推进和加快全面现代化的进程迈向新历程。与此同时,在颁布的《广东省实施创新驱动发展战略2016年工作要点》中,涵盖共17个方面的内容,把加快建设珠三角国家自主创新示范区作为重中之重加以发展。要求建立协同推进珠三角国家自主创新示范区建设工作机制,制定珠三角国家自主创新示范区建设实施方案和发展规划纲要,重点在于高新技术企业培育、新型研发体系和孵化育成体系、建设产学研结合与多层次协同创新、深化科技体制改革等方面精准发力,加快形成珠三角国家自主创新示范区开放型区域创新体系,支持高新技术产业开发区创新发展等。省委、省政府领导同志强调指出:党的十八大以来,习近平总书记把创新摆在国家发展全局的核心位置,围绕实施创新驱动发展战略提出一系列新思想、新论断、新要求,同时赋予了广东当好创新驱动发展"排头兵"的光荣使命。这为广东在新一轮发展中赢得主动指明了方向,也为广东实施创新驱动发展战略明确了目标。因此,"抓创新就是抓发展,谋创新就是谋未来"。广东应当坚定不移地把创新驱动发展战略作为全省发展的核心战略和总抓手,充分发挥科技创新在全面创新中的引领作用。

《广东省国民经济和社会发展第十三个五年规划纲要》要求:实施创新驱动发展战略、发展先进装备制造业、实施"互联网+"行动计划、推动加工贸易转型升级上走在全国前列。

---

① 左朝胜:《广东省召开创新驱动发展大会》,见《科技日报》2016年2月17日。

## 第十八章 珠三角实施创新驱动促进区域经济发展

深入推进珠三角一体化发展，统筹推进珠三角国家自主创新示范区建设和全面创新改革试验试点省建设。开展系统性、整体性、协同性改革先行先试，统筹推进科技、管理、品牌、组织、商业模式创新，加快形成经济社会发展新引擎。发挥广州全面创新改革试验核心区和深圳创新型城市的创新引领作用，打造国际产业创新中心，推动形成珠三角各市创新驱动发展各有特色、一体联动格局。提升珠三角城市群发展质量。以交通基础设施建设、产业园区建设和中心城区扩容提质为三大抓手，把粤东西北地区培育成新增长极。创新粤港澳合作机制，打造粤港澳大湾区，形成最具发展空间和增长潜力的世界级经济区域。全面落实粤港、粤澳合作框架协议，深入实施 CEPA 有关协议，推进粤港澳服务贸易自由化，鼓励引进港澳创新人才和创新资源，建设粤港澳人才合作示范区。发挥港珠澳大桥等跨境基础设施功能，辐射带动珠江西岸地区加快发展。把握国家推进"一带一路"建设与中国（广东）自由贸易试验区建设的重大机遇，深化粤港澳合作，加快建立与国际接轨的开放型经济新体制，强化内外联动，提高开放水平，发挥广东参与国际竞争的新优势。构建全方位开放发展新格局。

由此可见，广东省落实"十三五"规划的主要目标要求，是基本建立开放型区域创新体系。加快建设创新驱动发展先行省，构建创新型经济体系和创新发展新模式。全面推进科技创新取得重大突破，初步形成开放型区域创新体系和创新型经济形态，国家级高新技术企业大幅增长，自主创新能力居全国前列，综合指标达到创新型国家水平。继续深化粤港澳合作，以建设自贸区和"一带一路"两大战略引擎呈"双轮驱动"，进一步提高广东配置和整合全球资源的能力，成为广东深化改革开放、率先转型升级实施创新驱动发展的主要内容。

## 第二节　更新理念，增强激励功能

2008年年底，国务院常务会议审议并原则通过了《珠江三角洲地区改革发展规划纲要（2008—2020年）》。《规划纲要》的制定和实施是我国新时期应对国际特殊的机遇，夯实特殊区域发展的基础，加强区域分工与合作，促进区域一体化发展的重要举措。2013年7月，广东省委、省政府出台《关于进一步促进粤东西北地区振兴发展的决定》，明确提出以交通基础设施建设、产业园区扩能增效、中心城区扩容提质为"三大抓手"，利用粤东西北资源禀赋厚实有利条件，发挥粤东西北后发优势，重点突破，促进粤东西北地区快速发展，实现与珠三角地区"双轮驱动"。实际上，3年多来粤东西北振兴战略开始显现成果，广东区域发展协调性进一步增强。2015年粤东西北地区GDP总量高达1.64万亿元，与江西（1.67万亿元）、广西（1.68万亿元）规模相当，发展进入"快车道"。2015年，粤东西北工业技改投资增长60%，先进制造业增加值占规模以上工业增加值比重达25.8%，新建11家省级重点实验室，建成22家省级孵化器。[①]

《广东省国民经济和社会发展第十三个五年规划纲要》要求，到2018年，广东将率先全面建成小康社会，重点难点在"全面"，广东将如何振兴粤东西北区域，赶超全国平均水平？粤东西北地区是我省全面建成小康社会的难点，也是工作重点。

---

① 耿旭静：《粤东西北GDP增速与珠三角"看齐"》，见《广州日报》2016年5月24日。

# 第十八章　珠三角实施创新驱动促进区域经济发展

近年来，我们实施粤东西北振兴发展战略取得了显著成效，但总体上粤东西北地区与珠三角地区各有优势，但仍然存在着一定差距，与全国平均发展水平相比也有相差较大。2016年既是国民经济和社会发展第十三五规划的开局之年，也是广东省委、省政府提出到2018年率先在全国全面建成小康社会重要的第一年，同时又是粤东西北地区振兴发展的关键一年。2015年，粤东、粤西、粤北地区的人均GDP分别是全省的46.13%、56.52%和43.46%，分别比2012年的比重高出1.16个百分点、0.64个百分点和低0.04个百分点；经济密度分别比2012年增加了817.87万元/平方公里、428.39万元/平方公里和140.17万元/平方公里；人均地方财政收入与珠三角的比重分别比2012年下降0.36个百分点、0.08个百分点和0.04个百分点。然而，从总体来看，2012—2015年，粤东西北地区人均GDP、经济密度、人均地方财政收入的绝对值增长远小于珠三角地区。从四大区域来看，发展后劲最强的是珠三角，发展后劲相对较弱的是粤北地区。2012—2014年间，粤东、粤西、粤北地区发展后劲均明显弱于珠三角地区。这意味着如果粤东西北地区不加快转型升级和改革创新，今后四大区域间的经济发展协调问题亟待完善。①

---

① 黄宙辉、周伟：《粤东西北人均GDP增速连续10年跑赢珠三角》，见《羊城晚报》2016年7月30日

## 第三节　深化改革开放，推进区域经济持续发展

**一、继续全面落实《珠江三角洲地区改革发展规划纲要（2008—2020年）》，推动珠三角地区先行先试，创新驱动发展**

《规划纲要》作为国家级层次的文件推出，内容涵盖了"试验区""先行区""重要国际门户""基地"和"经济中心"五大功能定位，这是在新形势下全面落实创新驱动发展战略，促进珠三角区域一体化功能定位的具体展现，无疑为广东特别是珠三角地区新时期的现代化建设提供了重要的发展战略，具有深远的指导意义和现实的推动作用。

《规划纲要》在总结改革开放30多年来珠三角地区的发展经验基础上，对这一特殊地区继续实施特殊的发展战略提出新的更高要求。众所周知，改革开放以来珠三角地区以经济的高速增长及社会民生等的协调发展，成为举世瞩目的"成长三角洲"之一。在新形势下，世界和平与发展共存的国际大环境，全球性区域一体化的持续展开，为珠三角地区的进一步发展形成强大的外部压力，也为该地区的继续拓展提供了新一轮的重要机遇，切实推进创新驱动发展战略提供了发展路向。同时实施《规划纲要》，对创新区域合作模式，继续推动新形势下的珠港澳合作，增强区域竞争力具有独特的意义和作用。改革开放以来，珠三角地区的区域联系特别是与港澳之间的合作卓有成效，新的发展使命要求这一地区在原有发展的基础上，更新合作理念，挖掘合作

第十八章 珠三角实施创新驱动促进区域经济发展

潜力,创新利益共赢合作模式,在全面推进新时期的珠港澳合作中进一步提高区域竞争力。例如,在创新和科技发展方面,必须更新理念,加大双方合作力度,把发展科技产业尤其是把企业自主创新能力的提高,置于重要的地位加以大力推进。

## 二、珠三角与粤东西北比翼齐飞

《广东省国民经济和社会发展第十三个五年规划纲要》要求,巩固提升珠三角城市群核心竞争力。全面完成《规划纲要》的目标任务,实现珠三角地区"九年大跨越"。全面提升珠三角综合实力和核心竞争力,在实施创新驱动发展战略、发展先进装备制造业、实施"互联网+"行动计划、推动加工贸易转型升级上走在全国前列。深入推进珠三角一体化发展,充分发挥广州、深圳中心城市的辐射带动作用,积极推进"广佛肇""深莞惠""珠中江"三大经济圈一体化建设,加快基础设施建设、基本公共服务等领域的一体化进程。加强珠三角地区与粤东西北地区双向交流与合作,带动韶关、河源、汕尾、阳江、清远、云浮等环珠三角市融入珠三角发展。与此同时,加快推进粤东西北地区振兴发展。以交通基础设施建设、产业园区建设和中心城区扩容提质为三大抓手,把粤东西北地区培育成新增长极。大力推进粤东西北地区高速公路、铁路项目和内河航道、港口建设,加快形成水路、公路、铁路相衔接、功能完善的综合交通运输体系,促进产业跨区域转移承接及融合发展。推动产业园区扩能增效,促进主导产业发展壮大、产业链集聚延伸,推动特色优势传统产业转型升级。扎实推进粤东西北地区地级市中心城区扩容提质,提升粤东西北地区城镇化发展水平。加大对原中央苏区县、欠发达革命老区县、边远山区和少数民族地区,以及老工业基地、资源枯竭型城市的支持力度,强化珠三角地区对粤东西北地区的对口帮扶。

为确保实现"十三五"发展良好开局,广东省委、省政府于2016年5月又颁布了《促进粤东西北地区振兴发展2016年重点工作任务》,要求围绕"三个定位、两个率先"的目标,以提高发展质量和效益为中心,以全面深化改革为根本动力,以创新驱动发展为核心战略,着力加强供给侧结构性改革,着力促进新型工业化、信息化、城镇化、农业现代化、绿色化协调发展,突出抓好交通基础设施、产业园区、中心城区"三大抓手"建设,深入推进对口帮扶,提升粤东西北地区经济实力和整体竞争力,全力做好粤东西北地区振兴发展工作。我们通过分析后认为,新时期有必要突出做好如下几方面的重要工作。

### (一) 围绕既定目标,促进粤东地区发展

新时期国内国际形势的日益发展,十分有利于促进粤东地区经济建设,因此,必须继续加快"汕潮揭"城市群建设和发展。一方面,加快促进粤东地区与海峡西岸经济区的融合发展;另一方面,继续强化粤东对台及东盟经贸交流合作。如此多重举措的实施,实际也是为粤东地区带来可持续发展的广阔前景。

### (二) 联系实际,加快粤西地区区域经济大发展

新时期广东区域经济发展的未来态势说明,粤西地区区域经济发展的状况,直接影响到广东整体区域经济发展的程度。因此,必须进一步提升粤西区域合作水平,包括加快"湛茂阳"经济圈发展,同时加大粤西地区与北部湾经济区的融合发展。坚持"开拓发展粤西"的目标,发挥区位、资源等优势,创新发展模式,加强与珠三角、北部湾、大西南等地区的联系与合作,促进湛江等粤西地区可持续发展。

## 第十八章 珠三角实施创新驱动促进区域经济发展

### (三) 发挥优势,科学配置资源,实现粤北山区绿色崛起

广东省粤北山区拥有天然禀赋的厚实资源,因此,在新时期应当充分发挥粤北地区的资源优势,把借力发展与提升自身发展能力紧密结合起来。在积极承接产业转移的同时,更新理念,落实绿色发展的战略,走特色发展、生态发展道路,实现绿色崛起,打造粤北生态特色经济新区,实现粤北山区快速发展。

### (四) 继续加大产业园区特别是电商产业园区的建设与发展

截至2016年第一季度,广东省共设立省产业转移工业园51个,其中19个年产值超过100亿元,3个年产值超过500亿元。河源和清远高新区于2015年先后成为粤东西北地区第一、第二个国家级高新区,茂名高新区等也于2016年申报国家级高新区。云浮新城在倾力发展云计算产业,揭阳中德金属生态城则提出打造绿色年轻资本城市综合体。梅州正在致力于将广东梅兴华丰产业集聚带建设成为广东原中央苏区振兴发展试验区。[①] 2016年8月17日,在广州举行的广东省产业转移园承接珠三角产业梯度转移对接大会上,共59个项目现场签约,其中42个为产业转移项目,协议投资总额达381.5亿元;17个为园企合作项目。当然,从未来发展的要求考察,产业园区在地区分布发展格局仍有待完善。特别在当代科技信息化快速发展的新形势下,互联网加上电商得到发展已成为企业家谋求经营之道的共识。因此,这方面可能的对策是,应当在已有产业园区发展基础上,通过落实转型升级,把条件具备的某些产业园区发展为电商产业园区加以建

---

① 耿旭静:《粤东西北GDP增速与珠三角"看齐"》,见《广州日报》2016年5月24日。

设（包括珠三角转移到粤东西北的产业园区），以达到更好的发展。

## （五）珠三角与粤东西北地区合作竞争共赢发展

随着振兴粤东西北"三大抓手"战略的实施，粤东西北区域的发展环境得到大幅改善。特别是近年来，粤东西北各相关地市的 GDP 增长幅度超过珠三角，据广东省社会科学院发布《广东区域协调发展研究报告》资料显示，经过多年的努力，广东区域协调发展取得一定成效，粤东西北与珠三角人均 GDP 差距明显缩小。但是，从近 3 年的动态指标看到，粤东西北地区与珠三角的差距开始呈现先缩小再扩大的"U"型变化趋势。通过"九五"计划到"十二五"规划的落实，特别是《广东省东西北振兴计划（2006—2010 年）》与 2013 年后振兴粤东西北战略的实施，广东省区域协调发展取得一定成效。粤东西北人均 GDP 增长率自 2006 年首次超过珠三角后，现已连续 10 年超过珠三角地区。粤东西北人均 GDP 与珠三角人均 GDP 的比率，已从 2005 年的 24.9%，上升到了 2015 年的 31.3%，两者差距已明显缩小。数据显示，近年来，粤东西北地区的发展水平平稳提升，对全省经济发展的贡献逐渐增大。由此可见，随着振兴粤东西北"三大抓手"战略的实施，粤东西北发展环境得到了大幅改善，区域发展良好的基础基本建立，珠三角与粤东西北合作竞争共赢发展格局形成。

## 三、继续全面推进实施新农村现代化建设

新时期必须继续深入大力推进"大众创业、万众创新"发展战略，切实加快和培育和发展民营经济，落实符合国家法律和政策要求的多种抵押［例如，部分农村承包土地的经营权和农民住房财产权（简称"两权"）抵押贷款的试行］，积极盘活对

## 第十八章 珠三角实施创新驱动促进区域经济发展

新农村建设中的资金等金融支持。与此同时,一方面要继续积极稳妥地推进珠三角新型城镇化建设,通过大力推广"互联网+"建设,发展新形式的电商、网购、网销等系列活动,切实帮助农民继续稳定增收。另一方面,采取相关的更为符合实际的政策措施,包括还应该通过深化改革开放,继续加大已在城镇就业和定居的农民工落户的力度。推进农业人口向城镇的有序转移,鼓励农民的资格提升为现代化市民,以此全面推进和实现区域经济现代化目标。

### 四、依托合作发展的优势,共建大珠三角优质生活圈康乐家园

早在2008年7月14日—18日,环境保护部政研中心与环境规划院联合调研组受广东省环保局的邀请和委托,就"深化粤港澳环境合作,打造大珠三角绿色优质生活圈"与粤港澳三地相关单位与组织开展了调研。为打造"绿色生活圈"做进一步的环境规划。2009年首先提出共建(大珠三角)粤港澳优质生活圈。2009年年初,国家发展和改革委员会根据粤港澳三地经济的互补性非常强,《规划纲要》对三地合作赋予新内涵,包括重大基础设施对接,港珠澳大桥开工,在产业对接不仅局限于制造业,还包括金融、贸易、环境保护和会展等服务业对接,共建优质生活圈方面。同时,香港、澳门特别行政区政府都表达了希望珠三角和他们一起共创更加良好的生活圈的愿望。因此,在2016年3月15日,国务院公布《关于深化泛珠三角区域合作的指导意见》中提出携手港澳共同打造粤港澳大湾区,建设世界级城市群的重要内容。

实际上从2012年年初起,广东就与香港、澳门特区政府紧密合作,认真抓好包括《粤港澳共建优质生活圈专项规划》《环珠江口宜居湾区建设重点行动计划》《珠江口西岸地区发展规

划》等工作，积极在提高粤港澳共同生活圈环保、生态和宜居的水平等方面全力推进，包括举世瞩目的港珠澳大桥建设的顺利推进。经过多年的合作，尽管粤港澳共建优质生活圈发展有一定成效，然而，与发展目标要求仍有差距。因此，实际上新时期粤港澳深化环保合作，构建绿色大珠三角优质生活圈，仍有重要的内容需要继续深化粤港澳合作共建粤港澳优质生活圈。广东在"十三五"规划中提出，深化粤港澳紧密合作。创新粤港澳合作机制，打造粤港澳大湾区，形成最具发展空间和增长潜力的世界级经济区域。要求在共建粤港澳大湾区建设基础上，通过加强教育文化、医疗卫生、环保生态和社会领域等的交流合作，积极推进粤港澳优质生活圈建设，拓展与港澳在教育、文化、医疗、环保、社会管理等领域的全面合作，有的放矢引入港澳社会服务机构，完善公共服务体系，全面提升城市公共服务环境和城市环境，努力营造和发挥粤港澳优质生活圈的示范区作用。

另一方面，"深港通"发展战略的适时实施，从一定意义上讲，同样十分有利于粤港澳（珠三角）优质生活圈的建设。2016年8月16日，国务院正式批准实施"深港通"，这为今后继续深化改革，进一步加强粤港澳经济的深度合作发展提供了可能和现实。因此，无论是三地大型基础设施建设，还是实施"深港通"发展战略等，都十分有利于大珠三角优质生活圈的建设，特别是近年来港珠澳大桥建设的顺利推进，为共建大珠三角优质生活圈的康乐家园建设实际上夯实了重要的基础。

# 第十九章 创新驱动与广东改革开放新发展

新时期我国实施的创新发展、协调发展、绿色发展、开放发展、共享发展的五大发展理念,在探讨广东"十三五"规划创新驱动发展的基础上,提出了新时期深化粤港澳经济合作发展若干思考:包括更新理念,深化合作;以建设一带一路为契机推进合作;以广东自由贸易区建设为引擎,强化合作新发展;依托粤港澳合作共赢发展优势,加快经济社会发展实现共赢。

## 第一节 "五大发展理念"与广东改革开放发展

《中国国民经济和社会发展第十三个五年规划纲要》(以下简称《规划纲要》)指出:坚持创新发展、协调发展、绿色发展、开放发展、共享发展,是关系我国发展全局的一场深刻变革。创新、协调、绿色、开放、共享的新发展理念是具有内在联系的集合体,是"十三五"乃至更长时期我国发展思路、发展方向。例如,在创新发展理念中,创新是引领发展的第一动力,《规划纲要》要求要让创新在中国全社会蔚然成风。又如协调是持续健康发展的内在要求。《规划纲要》要求在增强国家硬实力的同时注重提升国家软实力,不断增强发展整体性。又如,《规划纲要》提出绿色是永续发展的必要条件和人民对美好生活追求的重要体现。要求必须坚持节约资源和保护环境的基本国策，坚持可持续发展，坚定走生产发展、生活富裕、生态良好的文明发展道路。再如，《规划纲要》提出共享是中国特色社会主义的本质要求。必须坚持发展为了人民、发展依靠人民、发展成果由人民共享，朝着共同富裕方向稳步前进。

《规划纲要》同时指出：开放是国家繁荣发展的必由之路。必须顺应我国经济深度融入世界经济的趋势，奉行互利共赢的开放战略。发展更高层次的开放型经济，提高我国在全球经济治理中的制度性话语权，构建广泛的利益共同体。我们从上述纲要中提出的发展要点可看出，无论是创新、协调、绿色、开放、共享的五大新发展理念的集中提出，还是其中开放发展理念的具体的深入阐述，都要求把这些高度概括颇具科学性的发展理念，作为我国"十三五"时期的发展思路、发展方向加以贯彻落实，并贯穿于"十三五"经济社会发展的各领域各环节，以提高发展质量和效益为中心，以"十三五"经济社会发展的预期优异成绩，为实现第二个百年奋斗目标、实现中华民族伟大复兴的中国梦奠定必要的基础。不言而喻，上述发展理念对于改革开放先行发展的广东来说，尤为凸显重要和深远的实际意义。广东在国家改革开放的发展大格局中，率先解放思想，引领改革开放的风气之策，在全国改革开放建设中国特色的社会主义中创造了很多个第一。无论是从当年创办第一个经济特区，还是近年来建设自由贸易区等，广东人勇立改革开放潮头为时代弄潮儿，既有敢干敢闯敢冒敢为天下之先精神和胆识，又具"摸着石头过河"稳中求进的远见卓识，成就了广东今天的辉煌。改革开放成就了广东，广东经验也为全国发展提供了参照素。新时期广东在更为复杂多样的国际国内环境下，深化改革开放，创新驱动发展尤其重要。因此，如何进一步解放思想，更新理念和改革开放及内外合

# 第十九章 创新驱动与广东改革开放新发展

作的新模式,成为新时期广东落实"十三五"规划,全面实施创新驱动发展战略,率先建设和实现现代化的重要内容。

## 第二节 广东创新驱动发展中的粤港澳合作

"改革不停顿、开放不止步。"这是党的十八大闭幕不久,习近平总书记来到得改革开放风气之先的广东考察时的厚望。事实上,改革开放成就了广东发展,广东的持续发展又进一步推进了改革开放的深化。新时期以全面深化改革为牵引,推动全方位开放格局,继续深化粤港澳合作,以建设自贸区和"一带一路"两大战略引擎呈"双轮驱动",进一步提高广东配置和整合全球资源的能力,成为广东深化改革开放、率先转型升级实施创新驱动发展的主要内容。《广东省国民经济和社会发展第十三个五年规划纲要》提出:要深化粤港澳紧密合作,创新粤港澳合作机制,打造粤港澳大湾区,形成最具发展空间和增长潜力的世界级经济区域。全面落实粤港、粤澳合作框架协议,深入实施 CEPA 有关协议,推进粤港澳服务贸易自由化,重点在金融服务、交通航运服务、商贸服务、专业服务、科技服务等领域取得突破。鼓励引进港澳创新人才和创新资源,建设粤港澳人才合作示范区。发挥港珠澳大桥等跨境基础设施功能,辐射带动珠江西岸地区加快发展。深化粤台在高新技术产业、新兴产业、服务业和现代农业等领域的合作。

香港特区原行政长官梁振英在 2016 年《施政报告》中指出:香港特区政府十分重视并积极参与国家"十三五"规划的工作。香港特区政府政务司司长主持"与内地合作督导委员会",并将继续领导各部门,以"国家所需、香港所长"为策略取向，充分发挥香港作为国家"超级联系人"的作用。加强香港与内地特别是广东的联系与合作。

澳门特首崔世安在 2016 年发表题为"促经济、重民生、稳发展"的财年施政报告中指出：要把发挥自身独特优势与依托祖国坚强后盾结合起来，充分把握祖国新一轮发展的机遇，把握国家"十三五"规划、"一带一路"建设的机遇，以及内地自贸试验区建设的契机，提升特区在国家经济发展、对外开放中的地位和功能，进一步创造更多有利的条件，增加澳门未来经济发展的新动力。不断深化粤澳合作和区域合作，拓展国际交流，积极参与国家进一步对外开放的发展战略；加速建设"一个中心、一个平台"，促进澳门经济社会可持续发展。

改革开放以来，粤港澳三地经过多个阶段合作，取得了举世瞩目的成绩。新时期的发展赋予了新的合作发展使命。因此，深化粤港澳紧密合作，创新粤港澳合作机制，打造粤港澳大湾区，形成最具发展空间和增长潜力的世界级经济区域，实际上成为广东省落实《广东省国民经济和社会发展第十三个五年规划纲要》，实现广东创新发展的重要内容。

## 一、更新理念，深化合作

改革开放以来，港澳与内地特别是广东的经济合作持续开展，取得了举世瞩目的成效。广东与港澳紧密融合促进了粤港澳区域经济的长足发展，新时期赋予三地创新发展的重要使命。

### （一）正确认识和辩证理解国际竞争力

根据 2010 年 10 月 25 日中国社科院发布 2010 年《国家竞争力蓝皮书》的资料显示，所谓"国际竞争力"是指一个国家或地区在世界经济的大环境下，与各国各地区的竞争力相比较，其创造增加值和国民财富持续增长的能力。它是在经济全球化发展

## 第十九章 创新驱动与广东改革开放新发展

过程中出现的反映一个国家或地区的整体国际竞争力的"量化概念"。有观点认为，港澳与内地特别是广东的紧密融合，会削弱香港多个国际经济中心的地位，不利于增强其国际竞争力。其实，我们从具体层面分析，港澳与内地特别是广东的紧密融合，通过利用三地优势合作共赢发展，不仅有利于增强粤港澳发展基础和实力，也有利于提高三地的全球竞争力。其次，从世界区域经济发展的格局考量，粤港澳区域发展是这大区域发展的更好能量集合，有利于通过其内生变量的要素组合，实现这一特殊区域的新发展。最后，从外部因素考察，粤港澳区域是世界经济特别是亚太区域十分重要的组成部分，这些外部区域的竞争发展，无疑是为粤港澳区域形成重要的发展机遇，重要的压力和挑战，有利于形成倒逼机制促使粤港澳区域更好合作发展。届时，港澳的竞争力就不是本身单元的要素，而是粤港澳区域乃至整个中国在全球区域发展中参与国际竞争和提升竞争力的重要问题。

（二）深化粤港澳区域合作正当时

事实上，我们从改革开放以来特别是港澳回归10多年来，香港、澳门与内地特别是广东紧密合作所产生的成效就可见一斑。据国家商务部资料显示，截至2015年12月，内地累计进口香港CEPA项下货物95.1亿美元，关税优惠52.8亿元人民币。香港共签发134860份原产地证书，货物离岸价总值为748.5亿港元。香港工贸署签发香港服务提供者证明书2970份。运输服务及物流服务签发证明书1369份，占核发总数的46.1%。香港共225家银行开办人民币业务，人民币存款总额8511亿元。内地注册香港个体工商户7766户，从业人员21778人，资金数额7.2亿元。截至2015年12月底，累计进口澳门CEPA项下受惠货物9578.6万美元，关税优惠4929.5万元人民币。澳门经济局共发出3787张原产地证书，其中使用证书3317张，总出口额

6.7亿澳门元。澳门经济局签发澳门服务提供者证明书592份，主要涉及货代、物流、运输、仓储、会议及展览等领域。澳门共有23家银行开办人民币业务，人民币存款总额728.74亿元。内地共注册澳门个体工商户1219户，从业人员3042人，资金数额9595.1万元。

在国家"十三五"规划中专门有重要章节涉及内地与香港、澳门的未来发展，提出"保持香港、澳门长期繁荣稳定"，包括按照《基本法》深化内地与港澳经济合作。2015年，广东实际使用香港外商直接投资204.8亿美元，比上年增长19.5%。截至2015年年底，累计批准香港投资项目134592个，实际外资金额2385.08亿美元。2016年1—5月，广东对香港协议投资66.2亿美元，实际投资额78.2亿美元，同比增长206.9%。2015年，粤港合作协议90项年度重点工作任务全面完成，广东对港澳服务贸易开放部门达153个，开放度达95.6%，基本实现粤港澳服务贸易自由化。再有资料显示，仅2016年1—5月，香港对广东投资专案数量同比增长39.3%，广东对香港实际投资额同比增长两倍。[①] 由此可见，随着国家"十三五"规划和长远发展蓝图的落实，粤港澳大湾区建设成为联通"一带一路"的重要门户，加快重点合作平台建设，港澳与内地特别是与广东的合作领域更加广阔。

## 二、以建设一带一路为契机，推进合作发展

自从中国提出"一带一路"倡议以来，相关建设推进顺利。"一带一路"沿线国家以发展中国家为主，近年来这一区域的经济增长尤为显著。"一带一路"地区覆盖总人口约46亿（超过

---

① 苏力：《2016粤港经贸合作交流会在港揭幕，两地双向投资热情高涨》，见《南方日报》2016年7月15日。

## 第十九章 创新驱动与广东改革开放新发展

世界人口60%），GDP总量达20万亿美元（约为全球1/3）。①截至2016年6月22日，共有70多个国家和国际组织积极参与"一带一路"建设，中国同20个国家签署了产能合作协议，同"一带一路"沿线17个国家共同建设了46个境外合作区，中国企业累计投资超过140亿美元，为当地创造6万个就业岗位。正如习总书记所说："'一带一路'不是中国的独唱，而是各国的合唱。'一带一路'建设已经取得了一些收获，一批重大项目已经开工，中国的西部成为了在新形势下对外开放的一个前沿，中部的开放加快推进，东部迎来了再一次的产业升级、合作升级。有资料显示，从2014年开始，中国国内生产总值已经突破10万亿美元，达到10.4万亿美元，占世界GDP的13.82%，是仅次于美国的世界第二大经济体。2015年，中国对世界经济贡献率也达到30%，对全球和区域产生越来越大的外溢效应。实际上，近年来中国开展的境外经贸合作区建设取得了积极进展。在世界各地已经设立了75个境外经贸合作园区，为所在国创造大量税收和就业。据统计，近4年来境外中资企业向投资所在国缴纳的各种税金超过1000亿美元，2015年年末在境外中资企业工作的外方员工近90万人。"②

《广东省国民经济和社会发展第十三个五年规划纲要》提出要求：要把握国家推进"一带一路"建设与中国（广东）自由贸易试验区建设的重大机遇，全面参与全球经济合作和竞争，深化粤港澳合作，加快建立与国际接轨的开放型经济新体制，强化内外联动，提高开放水平，构建全方位开放发展新格局，形成广东参与国际竞争的新优势。建设"一带一路"战略枢纽和经贸

---

① 张茉楠：《"一带一路"下国际产能合作风险与机遇》，见《上海证券报》2016年6月8日。

② 高虎城：《2015年中国商务发展情况》，中国商务部资料2016年3月21日。

合作中心。以经贸合作为重点,加强与"一带一路"沿线国家合作,在陆海内外联动、东西双向开放的全面开放新格局中发挥重要引擎作用。支持企业积极走出去建设营销网络、生产基地和区域总部,参与大型基础设施工程承包,加强资源能源联合开发利用。借助"一带一路"机遇,向世界张开怀抱,在新一轮开放中,广东对外开放铺展出气势恢宏的新画卷,全方位、多层次、宽领域的开放特色愈见明显。香港特区也提出,2016年是国家"十三五"规划、"一带一路"建设和创新及科技的开局年,是香港重要的机遇年。政府有决心与社会各界共同掌握好这些难得的机遇,为长远的经济和社会发展添加新动力。香港的大小产业,都可以凭借"一国"和"两制"的双重优势,发挥"超级联系人"的作用。香港将积极参与和配合"一带一路"建设。特区政府成立由梁振英特首主持的"一带一路"督导委员会,负责制定香港参与"一带一路"的策略和政策,并设立"一带一路"办公室,负责推动研究工作,统筹协调相关政府部门及贸发局、旅发局等机构,以及与中央部委、各省市政府、香港的业界、专业团体和民间团体联络。香港还将积极与"一带一路"沿线主要贸易伙伴缔结自由贸易协定、促进和保护投资协定、全面性避免双重课税协定及民航运输协定。澳门特区在2016财年施政报告中也指出:要把发挥自身独特优势与依托祖国坚强后盾结合起来,充分把握祖国新一轮发展的机遇,把握国家"十三五"规划、"一带一路"建设的机遇,以及内地自贸试验区建设的契机,提升特区在国家经济发展、对外开放中的地位和功能,进一步创造更多有利的条件,增加澳门未来经济发展的新动力。不断深化粤澳合作和区域合作,拓展国际交流,积极参与国家进一步对外开放的发展战略;加速建设"一个中心、一个平台",促进澳门经济社会可持续发展。

第十九章　创新驱动与广东改革开放新发展

## 三、以广东自由贸易区建设为引擎，强化合作新发展

《广东省国民经济和社会发展第十三个五年规划纲要》提出要求：高标准建设中国（广东）自由贸易试验区，把广东自由贸易区建设成为粤港澳深度合作示范区。营造法治化、国际化、便利化的营商环境，构建与国际高标准投资、贸易、管理规则接轨的自由贸易园区。在实行准入前国民待遇加负面清单管理制度、国际贸易功能集成、口岸通关监管模式创新、人民币资本项目可兑换、跨境人民币业务、融资租赁等方面先行先试，加快形成可复制、可推广的制度框架和经验做法。广州南沙新区片区重点建设以生产性服务业为主导的现代产业新高地和具有世界先进水平的综合服务枢纽；深圳前海蛇口片区重点建设我国金融业对外开放试验示范窗口、世界服务贸易重要基地和国际性枢纽港；珠海横琴新区片区重点建设文化教育开放先导区和国际商务服务休闲旅游基地，促进澳门经济适度多元化，打造与葡语系、西语系国家经贸合作新平台。

据相关数据显示，2015年我国吸收外商直接投资（不含银行、证券、保险）新设立企业26575家，比上年增长11.8%。实际使用外商直接投资金额7814亿元（折合1263亿美元），增长6.4%。其中"一带一路"沿线国家吸收外商直接投资新设立企业2164家，增长18.3%；实际使用外商直接投资金额526亿元（折合85亿美元），增长25.3%。众所周知，广东自贸区方案所涉的南沙、横琴和前海三地为目前广东省内三大国家战略发展平台。其中，南沙的定位为粤港澳全面合作示范区，而横琴新区则被定位为拥有"比经济特区更加特殊的优惠政策"的粤港澳紧密合作新载体，前海则于2014年获批前海深港现代服务业合作区。广东自贸区从成立伊始就承载着加强粤港澳深度合作的

重要使命，包括借鉴港澳经验，在自贸区"营造法制化的营商环境"。

截至 2015 年 12 月底，广东自贸试验区生产总值超过 2000 亿元，固定资产投资超过 1000 亿元，税收收入超过 500 亿元，广东自贸区累计新设立企业 5.6 万多家，有 2 万多家的金融类机构入驻，注册资本在 10 亿元以上的企业超过 220 家，还有 34 家世界 500 强企业在自贸区投资设立了 51 家企业。此外，跨境电商、融资租赁、航运交易、金融资产交易平台等建设初具规模。中铁建、中粮等央企也在自贸区成立了总部。2015 年广东省新设立外商投资企业增长 15.7%，实际使用外资金额增长 42.7%，其中吸收港资增长 48.3%，吸收澳门投资增长 222.2%。新签外商直接投资项目 7029 个，比上年增长 16.8%；合同外资金额 561.10 亿美元，比上年增长 30.3%。实际使用外商直接投资金额 268.75 亿美元。

再有资料显示，2015 年 11 月 27 日，内地全境与香港服务贸易基本实现自由化的协议正式签署（以下简称《服务贸易协议》），于 2016 年 6 月 1 日正式实施。该份协议参照了 2014 年年底签署的《关于内地在广东与香港基本实现服务贸易自由化的协议》（以下简称《广东协议》）框架结构，粤港澳三地服务贸易自由化先行先试经验得到复制与推广。粤港澳高层及业界人士均认为，三地服务贸易先行先试工作并没有止境，将再接再厉进一步深化合作，为新协议在内地的顺利实施提供更加完善的经验。事实上，在广东省率先实现的服务贸易深度开放模式，无论在形式或内容上都有突破。《广东协议》在广东对香港服务提供商在不同的商业领域以负面清单的形式列出不包括在内的项目，在各领域的深度和广度都超越了广东以往的措施，有助于港商在广泛的服务领域开发广东市场，并深化粤港两地服务贸易合作，提升两地服务业的竞争力。《广东协议》实施后到 6 月份澳门服

## 第十九章 创新驱动与广东改革开放新发展

务提供商在广东省采用备案管理的项目有 83 个，24 项是设立备案，59 项是变更备案，投资总额达 7.2 亿元人民币，注册资本达 3.7 亿元人民币。①

由上述的分析可见，广东省未来全面落实"十三五"规划，通过深化改革开放，并不断提高开放的水平和层次，以此作为新时期创新驱动发展战略的重要内容。而在粤港澳经济合作的具体层面，已经进行着的"一带一路"和自由贸易试验区的建设，以及如期开通的"深港通"，也包括粤港澳三地之间进行的会展业、旅游业合作，甚至放宽港澳在内地独资或合资兴办医院（包括长期以来的旅游机构）等，都是新时期创新合作发展模式的重要内容。由此我们有理由相信，随着新时期创新驱动发展战略的实施，粤港澳创新合作模式的深入开展，粤港澳区域经济一体化发展的前景必将十分广阔。

---

① 郑佳欣、戴双城、卓泳等：《广东开启对外开放新格局》，见《南方日报》2016 年 3 月 9 日。

# 第二十章 粤港经济合作的反思与前瞻

## 第一节 粤港经济合作发展的反思

### 一、改革开放大潮中缘起的经济合作

粤港经济合作源远流长。我国实行改革开放的基本国策以后,粤港之间血浓于水的亲情更加浓郁,两地间的联系合作更为紧密,成效更为显著。改革开放30多年粤港合作发展等优势,继续全面推进区域经济发展一体化,逐步实现具有粤港特色的区域发展模式,为中国整体发展提供可持续发展的范例。

20世纪80年代初,根据我国政府提出的"一国两制"的构想,中国开始与英国谈判香港的问题。1984年12月19日,中英双方就香港问题共同发表了《中英联合声明》,这份声明指出:中国恢复对香港地区(即香港岛、九龙及新界)行使主权。同时确定了中国政府对香港的基本政策和方针。1997年7月1日,中国按照《中英联合声明》确定的日期,正式收回香港。香港回归后与内地的经济合作有着更为广阔的空间,彼此经济合作更紧密,相互支援、相互竞赛,不仅有益于香港的繁荣,也大大促进内地经济的迅速发展。这主要是基于下面因素:

(1)香港在内地对外贸易中具有重要的作用。对外贸易是香港经济成长的发动机,而转口贸易是香港出口增长的主要动

## 第二十章 粤港经济合作的反思与前瞻

力。加上香港具有基础设施完善、服务先进等优势,造就了香港世界商贸中心等的地位。

(2) 香港是内地最大的直接投资者。香港在资金等方面对内地的改革开放和现代化建设给予了有力的支持。香港对内地的投资缓解了内地经济发展中资金不足的状况,促进了内地投资规模的增长,推动了内地一些企业的技术改造和管理的改进,加快了内地特别是东南沿海地区产业结构的调整和国民经济的发展。

(3) 香港以其国际金融中心的地位,引进外资,拓展国际金融业务,促进了内地经济发展。香港有开放的金融市场,是国际资金的集散中心之一,香港具有时差上得天独厚的条件,是国际金融市场每天 24 小时连续运转的重要接力站。这对开展国际金融业务是非常有利的。

(4) 香港为内地特别是广东的经济发展提供了丰富的经验。香港成为我国的一个特别行政区,也是我国的一个经济最发达、对外自由开放程度最高的地区。香港以成功的经济业绩为内地特别是广东提供内容丰富的市场经济的样板。香港成功的自由港经济都为内地的改革开放提供了宝贵的经验。香港回归祖国以来,粤港经济合作具有新时代的特征,粤港经济合作层次多元化,水平不断提高。

粤港经济合作阶段来划分可能的若干阶段:

如果说 20 世纪 80 年代初中国实施改革开放,并建立经济特区和发展以跨境加工贸易合作为主要标志的时代,是粤港合作的 1.0 的阶段;而 90 年代中国全方位对外开放的形成和发展,粤港深化合作层次和水平,则是粤港合作的 2.0 的阶段;1997 年 7 月 1 日香港回归祖国以后,粤港无论是在合作的领域,还是形式都发生了新变化,科技、教育等方面的合作被摆到议事日程,而且,已从过去多限于政府间高层次有意识合作逐步转向民间的多元化合作。而中国"入世"并逐步按 WTO 运作的机制,以及

周运源文集：基于经济发展之探讨

2004年中国内地与香港更紧密经贸关系安排的实施（CEPA）及先后签订的多个补充协议，就是以商品贸易、货物贸易和投资贸易便利化为主要标志合作，则是粤港合作的3.0阶段；而从2015年3月开始，中国（广东）自贸区的建立和运作为主要特征的合作，并以经贸制度，法律对接，技术、标准一体化和离岸贸易，跨境金融，"互联网+"等高端服务业和服务贸易自由化为主导的粤港合作，这标志着粤港的合作进入到4.0阶段，有利于粤港深度合作发展。

## 二、特殊的体制机制下促推粤港经济合作

《中国国民经济和社会发展第十三个五年规划纲要》提出支持香港巩固和提升国际金融、航运、贸易三大中心地位，强化全球离岸人民币业务枢纽地位和国际资产管理中心功能，推动融资、商贸、物流、专业服务等向高端高增值方向发展。支持香港发展创新及科技事业，培育新兴产业。支持香港建设亚太区国际法律及解决争议服务中心。我们知道，纲要中强调提出，要加大内地对港澳开放力度，加快前海、南沙、横琴等粤港澳合作平台建设。加深内地同港澳在社会、民生、科技、文化、教育、环保等领域交流合作。深化泛珠三角等区域合作。实际上，在整个"十三五"时期，我们可能预见到的是，在广东三大自贸区建设和"一带一路"国家未来战略引擎驱动下，粤港合作将迎来相互发展的全新的黄金时代，由此推动两地经济社会等全面发展是可以预期到的。

另外，根据2016年11月1日在香港举行的粤港金融合作专责小组第八次会议的资料显示，粤港双方就跨境人民币业务多元发展、银行信贷市场合作、资本市场双向开放和保险业务创新合作等范畴交换意见，并同意加入广州市南沙经济技术开发区管理委员会、深圳市前海深港现代服务业合作区管理局和珠海市横琴

第二十章 粤港经济合作的反思与前瞻

新区管理委员会为专责小组成员单位。并对落实中国人民银行2015年年底公布的《关于金融支持中国（广东）自由贸易试验区建设的指导意见》相关措施，深化粤港人民币业务往来，并善用"中国（广东）自由贸易试验区"作为改革开放先行地的角色，促进金融业务合作达成共识。这对于进一步推动粤港金融合作紧密，在国家"十三五"规划和"一带一路"倡议中发挥积极作用，促进两地金融发展必将发挥重要的作用。

### 三、粤港经济合作发展绩效与制约分析

广东省委、省政府《关于争当实践科学发展观排头兵的决定》提出，全面推进粤港澳紧密合作，构建粤港澳紧密合作区。加大CEPA在广东先行先试的力度，深化粤港澳产业转型升级合作。推进粤港澳金融合作与创新，建立更紧密的区域金融协调与合作机制。加强三地空间和城市群的发展规划协调，特别是2009年10月28日我国正式批准建设的港珠澳大桥作为中国建设史上里程最长、投资最多、施工难度最大的跨海桥梁项目，是我国继三峡工程、青藏铁路、南水北调、西气东输、京沪高铁之后又一重大基础设施项目，曾被评为"新的世界七大奇迹"之一。它将连接起世界最具活力经济区，快速通道的建成对香港、澳门、珠海三地经济社会一体化意义深远。由此可见，加大基础设施建设和资源整合力度，积极推进口岸查验模式改革，促进粤港澳经济社会、文化、科技、教育、卫生等全面交流合作，充分显示出粤港在重大基础设施方面的紧密合作，实现三地人员、资金、货物、信息等要素便捷流动等，也取得了有益的成效。据2017年广东省的政府工作报告的资料显示，2016年广东全省生产总值达7.95万亿元，比上年增长7.5%；财政总收入达2.28万亿元、增长9%，地方一般公共预算收入达1.039万亿元、增长10.3%；居民人均可支配收入突破3万元、增长8.7%。实施

自贸试验区和"一带一路"倡议,带动国际经贸规则和对外开放布局创新。出台广东自贸试验区条例,率先实施"证照分离"、综合行政执法体制等改革试点,形成第二批39项改革创新经验并复制推广。自贸试验区新设企业7.6万家,合同利用外资520亿美元、增长1.3倍。基本完成粤港、粤澳合作框架协议中期目标,粤港澳服务贸易自由化成效明显,粤港合作近年来不断加深,实际上,改革开放以来香港一直是广东最大的投资来源地,据商务部驻广州特派员办事处2016年7月15日的资料显示,2015年,广东实际使用香港外商直接投资204.8亿美元,较上一年增长19.5%。截至2015年年底,累计批准香港投资项目134592个,实际外资金额2385.08亿美元。2016年1—5月,广东对香港协议投资66.2亿美元,实际投资额78.2亿美元,同比增长206.9%。据广东省商务厅的资料显示,2016年1—12月,广东全省吸收实际外资233.49亿美元,同比下降13.12%;新批设立外商直接投资项目8078个,同比增长14.92%。其中,2016年广东与香港的进出口贸易总额(含转口)超过5000亿美元,服务进出口总额同比增长约17%。

然而,粤港经济合作过往的发展成效与新时期所赋予的要求仍有差距,特别是双方在合作体制等的方面仍有进一步扩展和完善的空间。例如,粤港双方的合作理念仍需继续加强,有的深层次体制性结构性矛盾仍制约着发展,供给侧结构性改革任务仍然艰巨,粤港合作中的协调性仍有不足,区域发展和自主创新能力等方面还要继续强化。新时期粤港合作协议仍需进一步完善;如何继续完善粤港合作机制,仍然是粤港双方在新形势下所面临的重要课题。例如,在深化改革开放中,在国家提出的五大发展理念(创新发展、协调发展、绿色发展、开放发展、共享发展)。无论是创新、协调、绿色、开放、共享的五大新发展理念的集中提出,还是其中开放发展理念的具体的深入阐述,都要求把这些

## 第二十章 粤港经济合作的反思与前瞻

高度概括颇具科学性的发展理念,作为我国"十三五"时期的发展思路、发展方向加以贯彻落实。而且,无论是我国在新时期实施的"一带一路"倡议,还是建立和发展自由贸易试验区,实际上都是我国全面深化对外开放战略的创新发展,而开放发展理念对于改革开放先行发展的广东来说,尤为凸显重要和深远的实际意义。

## 第二节 粤港经济合作发展的前景探讨

梳理和总结香港回归20年来的粤港经济合作,可以给出的启示可能是:合作则共赢,共谋发展则利。当年广东在全国"先行一步"进行改革开放,取得举世瞩目的成效。尔后,广东以此"四先"(先行、先试、先改和先突破)的政策为导向,并以广东范围的前海、横琴和南沙三大自由贸易区,率先深化与香港的合作为引擎,逐步将粤港紧密合作引入深度发展,充分显示广东在新时期进一步推进改革开放,落实国家"十三五"规划中的发展战略的新思维和新举措,包括广东在新时期全面实施创新驱动发展战略,促进经济转型,全面推动供给侧结构性改革为引擎,强化新时期粤港经济联系与合作的健康深入发展,充满着比历史上任何时期都要广阔的前景。

国务院总理李克强在第十二届全国人民代表大会第五次会议上所做的《2017年国务院政府工作报告》中指出:我们要继续全面准确贯彻"一国两制""港人治港""澳人治澳"、高度自治的方针,严格依照宪法和基本法办事,确保"一国两制"在香港、澳门实践不动摇、不走样、不变形。全力支持香港、澳门特别行政区行政长官和政府依法施政,发展经济、改善民生、推进民主、促进和谐。

2017年1月19日,广东省第十二届人民代表大会第五次会议的报告中强调:2017年广东将重点抓好深化区域合作工作,深入实施粤港、粤澳合作框架协议,深度推进粤港澳服务贸易自由化;创新口岸通关模式,推进港珠澳大桥珠澳口岸建设;深化泛珠区域合作等。因此,反思香港回归祖国以来的粤港合作的经验与不足,做好如下工作,对于新时期推进粤港合作无疑颇具重要的意义和作用。

## 一、坚持深化改革开放,完善合作体制

事实上,改革开放成就了广东发展,广东的持续发展又进一步推进了改革开放的深化。新时期以全面深化改革为牵引,推动全方位开放格局。经过改革开放以来的洗礼,中国的综合实力已经成为世界仅次于美国的第二大经济体。与此同时,广东也通过改革开放的发展,与香港的联系合作日益紧密,粤港双方不仅合作的领域不断扩大,合作的层次继续深化,合作的机制不断完善,合作发展的效益日益明显。充分显示出粤港双方交汇与融合的超级合作体的互通、互惠、共赢发展的紧密联系,在实际上也为粤港间的区域经济等合作注入了活力。实际上,随着国家"十三五"规划的全面实施,广东将携手香港,发挥好各自的优势,进一步深化交流合作,努力在创新发展、自贸区建设、教育等领域取得新的合作成效。广东在国家改革开放的发展大格局中,率先解放思想,引领改革开放的风气之策,曾在全国改革开放建设中国特色的社会主义中创造了很多个第一。如今,在新时期的新态势下,要求广东在更为复杂多样的国际国内环境下,通过深化改革开放的进一步开展,强化创新驱动发展,对于新时期发展粤港全面的深度合作尤其务实和重要。

第二十章 粤港经济合作的反思与前瞻

## 二、创新合作机制，促推合作持续发展

过往的粤港合作，特别是最近10年来在粤港合作联席会议以及《粤港合作框架协议》《内地与香港关于建立更紧密经济合作安排》的促进和推动下，当然，也包括香港参与泛珠三角（9+2）省区等的联系合作中做出的贡献是举世瞩目的。上述所显示的粤港合作若干机制，实际上已经充分证明，这些合作机制在粤港联系合作中发挥了极其重要的作用。我们认为新时期粤港合作的进一步展开，不妨考虑在继续完善粤港合作联席会议制度和充实粤港合作框架协议内容，发挥原有合作机制作用的基础上，紧密联系粤港未来发展的新要求，切实结合新时期粤港本身的实际，继续创新粤港合作机制可能是重要的选择。例如，联系粤港实际在贯彻落实国家"十三五"规划中提出：支持香港巩固和提升国际金融、航运、贸易三大中心地位，强化全球离岸人民币业务枢纽地位和国际资产管理中心功能，推动融资、商贸、物流、专业服务等向高端高增值方向发展。支持香港发展创新及科技事业，培育新兴产业。支持香港建设亚太区国际法律及解决争议服务中心。因此，其中继续适度放宽或松动对于金融业的管制，创新粤港金融合作发展新机制（下面论述到的发展"深港通"金融合作机制就是重要其中之一）就成为十分重要的内容。又如，利用粤港全面实施服务贸易自由化的良机，创新粤港商贸物流合作新机制全面实现粤港之间这一领域真正的"货畅其流"也是重要选择。再如，联系新时期国际科技新发展的要求。结合粤港科技发展的实际，适时创新粤港科技合作特别是高新技术合作的新机制，如由广东、香港科技部门协调组成粤港科技协调发展委员会，通过建立类似联席会议制度，定期召开相关工作会议，落实粤港科技合作发展事宜。主要包括：结合双方科技发展的实际，制定一定时期（如五年或十年科技发展的要求）粤港

科技专项合作发展规划；瞄准世界科技前沿发展态势合作重大科技项目的联合攻关等，也是粤港合作中极为重要的发展机制。此外，积极利用改革开放以来粤港教育合作发展的基础，继续加大双方教育合作机制，一方面继续放宽香港高校进入深圳、珠海等地区独立或联合办学的要求，另一方面扩大香港高校进入广东其他条件具备地区办学的资格，逐步实现粤港教育资源的互补、共享和共赢。

### 三、以"深港通"为引擎，推动粤港经济多元新发展

2016年8月16日，国务院正式批准实施"深港通"，这为今后继续深化改革，进一步加强粤港经济的深度合作发展提供了可能和现实。而2016年12月5日"深港通"正式开通，由此拉开了新时期粤港在更广泛领域和层次的合作序幕。《广东省国民经济和社会发展第十三个五年规划纲要》提出，要深化粤港澳紧密合作。创新粤港澳合作机制，打造粤港澳大湾区，形成最具发展空间和增长潜力的世界级经济区域。全面落实粤港粤澳合作框架协议，深入实施CEPA有关协议，推进粤港澳服务贸易自由化，重点在金融服务、交通航运服务、商贸服务、专业服务、科技服务等领域取得突破。继续深化粤港澳合作，以建设自贸区和"一带一路"两大战略引擎呈"双轮驱动"，进一步提高广东配置和整合全球资源的能力，成为新时期广东深化改革开放、率先转型升级，全面推进供给侧结构性改革，实施创新驱动发展的主要内容。而以"深港通"为引擎，并在共同优化、深化"深港通"机制的基础上，进一步放宽相关政策，吸引香港证券业的金融机构进入广东市场合作发展相关业务，如通过进一步完善广东与香港金融深化合作的营商环境，适时推出"债券通"机制，强化粤港在金融领域更广方面的合作。推动粤港经济多元合作新发展，这在现实上应当成为新时期粤港引领先机，率先合作发展

第二十章 粤港经济合作的反思与前瞻

中亟待推进的重要举措。

## 四、以粤港创新圈为科技创新平台，促进合作发展

实际上，在新时期面对全球科技快速发展带来的机遇与挑战，如何通过联合建设粤港创新圈作为科技创新平台，必然成为新时期两地发挥优势，整合资源，促进粤港合作发展重要的内容。据2017年2月份召开的广东省创新发展大会的数据显示，仅2016年，广东省新增高新技术企业8752家，为此，广东高新技术企业总数达到19857家，使该指标的总量居全国第一；在"创新驱动"的强劲引擎拉动下，广东自主创新能力迅速提升。2016年，全省研发经费支出占比达到2.58%，技术自给率达71%。全省发明专利授权量达到38635件，同比增长14.8%；PCT专利申请量继续保持高速增长，全省达到23572件。[①] 同时，珠三角国家自主创新示范区应发挥创新要素相对集聚的优势，通过加快建设高水平科技孵化育成体系，实施孵化器倍增计划，加大力度培育创新企业。打造国际一流的创新创业中心战略目标。以建设珠江三角洲国家自主创新示范区、实施创新驱动发展战略的核心区为广东省创新发展的强大引擎，重点开展高新区对高新区、孵化器对孵化器、不断提升创新驱动发展能力。而香港回归以来，特别是通过近年来的发展，在包括电子、资讯及通信科技、绿色科技、生物医药、物料与精密工程等科技领域，为协助科技公司孕育意念、创新及发展，带领香港成为地区的创新及科技枢纽做出了重要贡献。但在新时期仍然存在继续发展的空间，因此，我们通过分析后认为，全面落实创新科技驱动战略。加大力度扶植战略型新兴企业发展。瞄准国际产业变革的方向，抢占产业制高点。通过充分运用粤港两地科技资源的优势，特别

---

[①] 庞彩霞：《广东高新企业总数居全国首位》，见《经济日报》2017年2月17日。

是科技资源的优势,建设具有区域特色的粤港科技创新圈地作为创新平台,促进科技合作发展,应当成为新时期促进粤港合作发展的重要内容。

## 五、香港最自由经济体的连续保持,促进粤港合作新发展

2017年2月16日,香港连续第23年被美国传统基金会评为全球最自由的经济体,毫无疑问为香港经济发展展现出强劲的实力,同时也为新时期粤港合作注入了强大的推动力。根据美国传统基金会的报告,香港的法律制度有效保障产权且有力支持法治。此外,香港有效的监管制度及对外商业开放,也为企业活动带来有力支持。而时任香港特区政府财政司司长陈茂波也指出:"政府会致力于维持良好的营商环境、自由开放的贸易、低税率及简单税制和法治及司法独立。同时,政府亦会继续加强金融基建、与主要贸易伙伴建立更紧密的经济合作等,以巩固香港作为国际城市的领先优势。"所有这些无疑为内地特别是广东在新时期进一步拓展与香港的全面合作提供了可能和现实。近年来内地特别是广东全面落实粤港合作框架协议,特别是在金融、商贸、旅游、基础设施文化、教育和法制等领域进一步扩大对外开放度,例如在推动广东自由贸易试验区建设和实施"一带一路"建设等与香港的合作中推出了新举措,包括吸引香港等境外投资者进入的税收政策、工商企业营商如多证合一等各类环境的大改善,充分说明新时期粤港之间所具有的广阔的合作发展前景光明,明天更上层楼是有可能的。

## 六、深化粤港企业合作,拓展国际市场,实现双赢

实际上,经济发展中或许都有关注一个国家或地区的经济发展和成长,无不是主要依靠企业在其中支撑的,而企业又大都不

## 第二十章 粤港经济合作的反思与前瞻

外乎通过利用国内和国际市场得到发展壮大,近年来广东的企业(包括民企)在立足国内市场发展的同时,也陆续向海外国际市场发展。因此,新时期广东的企业通过利用香港多个国际经济中心的优势,继续深化粤港企业合作,发挥双方的优势,抱团合作发展壮大颇具广阔空间。在《广东省国民经济和社会发展第十三个五年规划纲要》中强调:把握国家推进"一带一路"建设与中国(广东)自由贸易试验区建设的重大机遇,全面参与全球经济合作和竞争,深化粤港澳合作,加快建立与国际接轨的开放型经济新体制,强化内外联动,提高开放水平,构建全方位开放发展新格局,形成广东参与国际竞争的新优势。因此,新时期通过粤港紧密合作,拓展国际市场,实现双赢是完全可能的。例如,通过全面深化粤港合作,广东企业与香港企业合作联手进入国际市场,主动承接国际产业新转移,拓展互联网+现代产业新模式,发展以物流业为龙头的国际商务服务业,以信息产业、文化产业为龙头的知识产业,全面提升广东在国际产业体系中的战略地位和战略竞争力。又如,香港企业更可以跟内地特别是广东的企业加强合作,以强强联合"走出去",包括积极营造为广东民营企业"走出去"更好的营商环境,在东亚地区以及其他"一带一路"市场的投资项目中起到"联系者""营运者"和"投资者"的作用大有可为。正如 2017 年年初,香港特首梁振英在出席香港广东社团总会新春团拜时再次强调粤港合作。认为广东不单是香港的毗邻,还是好邻居,在多方面也是香港好的合作伙伴。两地在粤港联席会议和 CEPA(《内地与香港关于建立更紧密经贸关系的安排》)等机制下,做了大量共同发展、促进共同发展的工作,包括在金融、专业服务、贸易方面与经济有关的活动,也有包括青少年教育、环保工作。未来会仍然重视与广东在各个方面的合作,包括与广东一起"走出去",到"一带一路"沿线国家共同发展。再如,根据改革开放以来特别是近年来广东民企（民营资本）发展壮大并相继在海外投资卓有成效的状况，新时期应当通过推动粤港之间的紧密合作，共同设立面向"一带一路"沿线国家和地区的相关机构，积极筹集海内外投贷基金（包括广东的民营资本），为粤港企业"走出去"投资、并购提供投融资等方面的服务是可能的。

### 七、深化粤港服务业合作发展

《珠江三角洲地区改革发展规划纲要（2008—2020年)》提出，珠三角要"建设与港澳地区错位发展的国际航运、物流、贸易、会展、旅游和创新中心"。"支持粤港澳合作发展服务业，巩固香港作为国际金融、贸易、航运、物流、高增值服务中心的地位。支持澳门建设国际商贸服务平台，发展世界旅游休闲中心，全面提升服务业发展水平"。《广东省国民经济和社会发展第十三个五年规划纲要》强调，到2017年，在重点领域培育一批通晓国际规则、竞争能力强的生产性服务业骨干企业，生产性服务业增加值占服务业增加值比重每年提高1个百分点以上。要深化粤港澳紧密合作，深入实施CEPA有关协议，推进粤港澳服务贸易自由化，重点在金融服务、交通航运服务、商贸服务、专业服务、科技服务等领域取得突破。事实上，随着内地与香港关于建立更紧密经贸关系的安排后续多个补充协议的签署，港澳在服务贸易开放措施，内地在法律、建筑、计算机、房地产等多个原有领域将会进一步开放，并已经允许香港殡葬业者在内地以独资或合资等方式投资，经营除具有火化功能的殡仪馆以外的殡仪悼念和骨灰安葬的业务。金融合作方面，内地将研究两地基金产品互认；支持符合资格的香港保险业者参与经营内地交通事故责任强制保险业务；对香港保险业者提出的申请，将根据有关规定考虑并提供便利。贸易投资便利化方面，两地将进一步加强商品检验检疫、食品安全、质量标准和知识产权保护领域的合作。例

## 第二十章 粤港经济合作的反思与前瞻

如,已有65项服务贸易开放措施及8项加强两地金融合作和便利贸易投资的措施;其中有15项在广东先行先试,主要集中在金融、法律、检测认证、通信等服务贸易领域。今后,随着国家"十三五"规划大力发展服务业并以此作为产业结构优化升级的战略重点的实施,香港的服务业将取得更快发展,而CEPA的多项措施以广东省为试点,先行先试,这为国家引进香港的服务业提供了实验场地。通过持续实施CEPA香港的服务业更方便进入内地市场,有利于提升国家整体服务业的发展水平。由此可见,新时期坚持实施一国两制,贯彻《香港基本法》、"港人治港"、高度自治,深化香港与中国内地特别是广东的全面合作,通过继续实施《粤港合作框架合作协议》和CEPA基本实现内地与香港服务贸易自由化等,为香港的服务业特别是香港整体经济持续发展起到重要的作用。在建设"国际金融中心、国际商贸中心、国际航运中心和国际信息中心"等发展的基础上,继续营造拓展现代服务业的相关的必要环境,合作发展现代金融、证券服务业,法律服务业,会计、保险服务业,旅游会展业和货运代理服务等服务业,并以这些行业的优势互补更好更快发展,促进粤港整体经济持续增长是可期的。

### 八、营造良好环境,吸引港资进入粤东西北合作发展

改革开放以来,我国吸引和利用包括港澳资本在内的境外资本多数集中在珠三角地区,而通过数十年来的发展,港澳等外资在该地区的发展已经受到人工、地价等高成本投资环境的制约,迫切需要更好的投资场所。而广东的东西北广袤地区无疑有可能成为港澳等境外资本投资的热土。自从2013年广东省委、省政府出台《关于进一步促进粤东西北地区振兴发展的决定》,尔后又陆续提出利用粤东西北资源禀赋厚实有利条件,发挥粤东西北后发优势,促进粤东西北地区快速发展的一系列政策和措施,使

粤东西北区域经济得到较大的发展，但与广东全面率先实现现代化仍然存在差距。特别是在"十三五"规划实施中，粤东西北地区承负着更为重要的发展任务。在2017年广东省的政府工作报告中指出，要扎实做好农业农村工作积极推进农业供给侧结构性改革。把增加绿色优质农产品供给放在突出位置，推进粤东西北振兴发展。以交通、产业、基本公共服务等为重点，着力推进珠三角与粤东西北一体化发展。完善粤东西北地区交通基础设施，抓好内联外通高快速交通网项目建设。狠抓产业园区提质增效。并强调要继续深化区域合作。深入实施粤港、粤澳合作框架协议。因此，新时期如何营造良好环境，吸引港资进入粤东西北合作发展，可能是全面提升该地区经济实力，推进区域经济一体化中极为关键性的重要内容。我们也观察到，2017年年初在《中共中央、国务院关于深入推进农业供给侧结构性改革加快培育农业农村发展新动能的若干意见》即2017年的中央一号文件中提出，支持有条件的乡村建设集循环农业、创意农业、农事体验于一体的田园综合体，通过农业综合开发、农村综合改革转移支付等渠道开展试点示范。这实际上是把推进农业供给侧结构性改革作为新时期的重要议事日程。例如，根据目前粤东西北地区新农村建设的要求，利用互联网加上电商发展的模式，引入港资发展有特色的产业园区，尤其是合作发展电商产业园区。或者从更高层次和水平上把握吸引港资的进入，利用粤东西北地区自然资源丰富、人文等投资环境日益完善的现实要求，吸引港资参加发展具有东西北特色集循环农业、创意农业、农事体验于一体的田园综合体，促进区域经济一体化的快速发展。

　　总之，随着广东"十三五"规划的全面实施，广东携手香港，发挥好各自的独特优势，进一步深化交流合作，努力在创新发展、经济转型和自贸区建设等领域取得新的合作成效是完全有可能实现的。

# 第二十一章 推进广东农业供给侧结构性改革探讨

## 第一节 广东农业供给侧结构性改革的要求

2017年4月4日,习近平总书记对广东工作做出重要批示,充分肯定党的十八大以来广东各项工作,希望广东坚持党的领导、坚持中国特色社会主义、坚持新发展理念、坚持改革开放,为全国推进供给侧结构性改革、实施创新驱动发展战略、构建开放型经济新体制提供支撑,努力在全面建成小康社会、加快建设社会主义现代化新征程上走在前列。这其中就有要求广东为全国推进供给侧结构性改革等提供支撑和努力在全面建成小康社会等的厚望,为此广东省委专门发出通知,要求深刻把握习近平总书记重要批示的精神实质。学习宣传贯彻总书记重要批示精神,必须全面准确领会批示的精神实质,核心是把握好"四个坚持、三个支撑、两个走在前列"的要求。广东省委、省政府面对新时期新形势提出相应的举措,要求促进实体经济提质增效,深入推进农业供给侧结构性改革。扩大有效供给,强化品牌和质量建设。落实强农惠农政策,深化农村改革,增强农村发展活力。促进农业提质增效。构建现代农业产业体系,把增加绿色优质农产品供给放在突出位置，狠抓农产品标准化发展、品牌创建、质量安全监管，积极发展多种形式适度规模经营。大力发展农村电商、休闲农业、乡村旅游等新产业新业态，促进农村第一、二、三产业融合发展。培育打造一批行业领军龙头企业。有调研资料显示，近年来，广东全省在经济新常态下实施创新驱动发展战略，率先实行经济发展转型、率先调整经济结构，实施供给侧结构性改革初见成效。然而，在广东的农村尤其是粤东西北地区受传统发展模式影响，使这一地区的经济增长缓慢，因此，在建设新社会主义农村发展过程中，广东农业及农村经济的发展成效，无疑成为广东在2018年率先全面建成小康社会重中之重的突破口选择。

## 第二节　新时期推进广东农业供给侧结构性改革的思考

根据广东统计局的统计信息网资料显示，2013年以来广东全省的社会消费品零售总额的增速基本上在10%～12%，2015年以来各季基本上在10%左右波动，而2016年，广东全省实现社会消费品零售总额34739亿元，同比增长10.2%，增幅比上年提高0.1个百分点。扣除价格因素，实际增长9.3%。仅2016年12月，全省实现社会消费品零售总额3122.87亿元，同比增长11.0%，增幅比上年提高1.5个百分点。而全省城镇消费品零售额30418.16亿元，同比增长10.2%，增幅比上年提高0.2个百分点，占全省社会品零售总额的87.6%；乡村消费品零售额4320.84亿元，增长10.6%，增幅比上年提高0.2个百分点，增幅高于城镇消费品市场0.4个百分点。特别是近年来广东城乡

# 第二十一章 推进广东农业供给侧结构性改革探讨

居民收入差距虽然略有缩小,但是,农民真正通过农村务农收入的实际增加部分并不大,而农民在城市的打工收入约占到整个收入的60%,有的地区高达70%～80%。因此,通过落实农业的供给侧结构性改革,千方百计推进广东农村的现代化新农村建设,切实使广大农民富起来,广东落实"十三五"发展战略,率先在全国实现建成小康社会的目标才有可能达到。随着广东创新驱动发展战略的实施,特别是广东"十三五"规划实施第一年的初见成效,广东省居民的实际消费能力也有所提升,扩大消费的基础较好,有资料显示预计今后将继续保持平稳良好的发展态势。从总体上考量,必须按照广东省"十三五"规划的要求,实施珠三角优化发展和粤东西北振兴发展战略,全面深入推进农业供给侧结构性改革,全面实施具有广东省特色的互联网+现代农业的发展模式。继续落实强农惠农的各项政策和措施,深化农村改革,增强农村发展活力。促进农业提质增效。构建现代农业产业体系,把增加绿色优质农产品供给放在突出位置,狠抓农产品标准化发展、品牌创建、质量安全监管,积极发展多种形式适度规模经营。大力发展农村电商、休闲农业、乡村旅游等新产业新业态,促进农村第一、二、三产业融合发展。做好如下方面的工作可能是重要的内容。

## 一、深化改革,完善农地确权后经营权与承租权有机结合机制

一个时期以来,在广东有的农村由于青、壮年多数外出务工,使农村中多为留守老人和儿童,导致有的土地丢荒严重等,使本来就紧缺的土地资源未能得到很好的利用,加上不少地方由于人们生活水平的日益提高,人们用于在土地上(主要是宅基地)建造房子的状况日趋普遍,甚至有的农户是私下进行土地置换或相互之间其他形式的土地交易,严重造成农村土地资源的

扭曲配置，农村土地的集体所有产权、农户承包权、土地经营权的乱象丛生，造成农村、农业和农民"三农"的问题严重，制约着社会主义新农村建设的应有发展。因此，在新的历史时期，本着广东省要求于2018年在全国率先全面建成小康社会的目标，无疑要切实继续落实"十三五"规划，按照《关于深入推进农业供给侧结构性改革加快培育农业农村发展新动能的若干意见》（以下简称《意见》）指出，深化农村集体产权制度改革，细化落实农村土地集体所有权、农户承包权、土地经营权"三权分置"办法。加快推进农村承包地确权登记颁证。积极推进农村土地制度改革试点，发展土地流转和适度的规模经营模式，支持开展土地股份合作。健全土地承包经营权流转服务管理体系，应当成为重中之重的选择。

## 二、深化改革，发展壮大农科院校，为新农村建设夯实人力资本，特别要实施广东农业科技创新人才发展战略

2017年年初，中共中央国务院在《关于深入推进农业供给侧结构性改革加快培育农业农村发展新动能的若干意见》中指出，开发农村人力资源。重点围绕新型职业农民培育、农民工职业技能提升，整合各渠道培训资金资源，建立政府主导、部门协作、统筹安排、产业带动的培训机制。探索政府购买服务等办法，发挥企业培训主体作用，提高农民工技能培训针对性和实效性。鼓励高等学校、职业院校开设乡村规划建设、乡村住宅设计等相关专业和课程，培养一批专业人才，扶持一批乡村工匠。因此，应切实做好如下工作。

# 第二十一章 推进广东农业供给侧结构性改革探讨

（一）构建引导和鼓励高校毕业生到基层工作长效机制，发挥高校毕业生在促进农村经济社会发展中的作用，促进广东农业现代化发展

2017年1月24日，中共中央办公厅国务院办公厅印发《关于进一步引导和鼓励高校毕业生到基层工作的意见》，要求进一步引导和鼓励高校毕业生到基层工作，发挥高校毕业生在促进基层经济社会发展中的作用。而通过制定和实施切实的政策，构建引导和鼓励高校毕业生到基层工作长效机制，确保下得去、留得住、干得好、流得动，必然成为重要的内容。必须切实按照习近平总书记提出"培养更多爱农业、懂技术、善经营新型职业农民"的要求，建设与广东社会主义新农村发展要求相适应的新型职业农民。与此同时，完善各项支持政策，加强公共就业和人才服务体系建设也是其中十分重要的举措。

（二）更新理念，采取相关政策措施（包括进修和业务培训等），帮助农民逐步完成职业身份的转换

《关于进一步引导和鼓励高校毕业生到基层工作的意见》指出，要鼓励高等学校、职业院校开设乡村规划建设、乡村住宅设计等相关专业和课程，培育一批专业人才，扶持一批乡村工匠。这实际上是要求通过相关的培训，从一般的农民身份转化成职业农民（或乡村农匠）。结合广东农村发展的实际，通过系统化、规范化有效地培养职业农民，提高农村从业者的专业化素质和水平，更好地为社会主义现代化新农村建设服务。

（三）建立健全有利于高校毕业生到基层工作的服务保障机制

例如，通过适度加大财政支持力度。优化和调整财政支出结

构，统筹安排使用好人才发展、就业等各方面资金，加大支持力度，引导高校毕业生到基层就业工作。加大财政支持力度。通过优化和调整财政支出结构，统筹安排使用好人才发展、就业等各方面资金，加大支持力度，引导高校毕业生到基层就业工作。按照有关规定对在基层工作的优秀高校毕业生进行表彰奖励。而新时期尽可能提供并逐步培育职业农民的良好环境，无疑成为培养新型职业农民是发展家庭农场的关键。

### 三、加强农村产业协调发展，建设农业产业新业态

众所周知，改革开放以来特别是近年来，广东整体经济在率先发展中取得了举世瞩目的成绩，广东区域经济一体化发展中，城乡差距逐步缩小，广东中小城镇的日益壮大有力地支撑了广东率先全面小康目标的发展，由此也使广东城乡产业的布局发生了较大变化，原来广东农村以第二产业为主的结构，逐渐转变为三、二、一的产业结构，尤其是以服务业为主的第三产业的格局初步形成。2017年广东省政府的工作报告的资料显示，广东加快推进产业转型升级的成效显著，三次产业比重调整为 4.7∶43.2∶52.1，服务业增加值占比提高 1.5 个百分点。科技服务、工业设计、供应链管理服务、信息服务等生产性服务业高速增长，现代服务业增加值占服务业比重提高到 61.7%。然而，在广东第一产业比重只占到 4.7% 的状况下，无论是第一产业内部，还是三大产业之间，在产业结构上仍然存在着产业结构不合理，严重制约着广东现阶段新农村建设的进行，也同样制约着 2018 年广东要求建成全面小康社会目标的实现。因此，新时期在推进广东农业供给侧结构性改革的进程中，可能的选择是，大力夯实农业发展潜力的基础上，按照《关于深入推进农业供给侧结构性改革加快培育农业农村发展新动能的若干意见》指出的要求，落实相关政策措施，大力发展乡村休闲旅游产业。充分发挥乡村各类物质与非

## 第二十一章 推进广东农业供给侧结构性改革探讨

物质资源富集的独特优势,利用"旅游+""生态+"等模式,推进农业、林业与旅游、教育、文化、康养等产业深度融合重点支持乡村休闲旅游养老等产业和农村三产融合发展。丰富乡村旅游业态和产品,打造各类主题乡村旅游目的地和精品线路,包括围绕广东农村发展的实际,适时建设与广东现代化农业发展要求相适应的田园农庄,打造集广东第一、二、三产业优势互补、融合发展的新型粤农田园综合体试验区。

### 四、完善强农惠农政策,促进新农村建设发展

新时期促进新农村现代化的建设发展,不折不扣地坚持全面落实党和国家在农村的"三农"政策,包括新时期的各项强农惠农政策尤其重要。实际上,自从我国实施改革开放的政策以来,已经连续10多年每年的新春一号文件,都是颁布强农惠农政策。广东省委、省政府按照要求,结合广东的实际,同样分别制定和实施了一系列强农惠农政策,促进了广东现代化农业的健康和可持续发展。与此同时,我国的新农村建设是涉及全国各族人民,谋求幸福小康的功在当代、利在千秋的事业。因此,如何动员并发挥全国人民的聪明才智,利用社会资源,包括资金、技术和经验等,投入到新时期现代化新农村建设,无疑是造福子孙万代的光荣事业。而近年来随着城镇退休人员的逐步增加,逐步形成数量日益可观的退休人员队伍,他们中不少人有意在有生之年希望发挥余热,包括运用本身的技能、资金等,回乡(或回原籍)参加新农村建设。2017年新春中央一号文件的《意见》也强调指出,鼓励高校毕业生、企业主、农业科技人员、留学归国人员等各类人才回乡下乡创业创新,这其中也包括落实相关的政策措施,鼓励城市退休人员回乡,以资金、技术等投资新农建设。这实际上是新常态下吹响社会主义新农村建设的嘹亮号角。

## 五、深化农村管理体制改革,打造优质农产品供给新机制

在推进农业供给侧结构性改革中,应当考虑通过深化农业农村管理体制改革,提高对农业实施一体化的管理服务水平;通过鼓励和支持家庭农场、专业合作社、协会、龙头企业、农业社会化服务组织,达到加快培育新型农业经营组织发展的目的;同时,也应当通过建立农村产业融合发展的利益协调机制,保障农民和经营组织能够公平分享第一、二、三产业融合中的"红利"。《意见》指出,推进农业供给侧结构性改革,要以提高农业供给质量为主攻方向。要坚持市场导向,跟上消费需求升级的节奏,优化供给结构,不仅满足人民群众对优质农产品的需求,还要满足对农业观光休闲等服务性需求,满足对良好生态的绿色化需求。这无疑为新农村建设发展提供了十分重要的指引。其中,尤其是如何切实提升农产品质量和食品安全水平。坚持质量兴农,实施农业标准化战略,健全农产品质量和食品安全标准体系,成为不可或缺的内容。当然,也包括切实推进农产品商标注册便利化,强化品牌保护。引导企业争取在同国内相关权威机构认证基础上,申请国际有机农产品认证,提高农产品认证的公信力,自然应当成为重要内容。还应采取相关措施,通过引导加工企业向主产区、优势产区、产业园区集中,在优势农产品产地打造食品加工产业集群。加大食品加工业技术改造支持力度,达到发展现代食品产业的目的也十分必要。此外,还必须进一步完善农产品产地初加工补助政策等。

## 六、建设农业供给侧结构性改革的保障机制

根据广东经济学会调研组所做的"2017年广东经济形势的基本判断"的资料显示,广东的粤东西北地区虽然经过多年的

# 第二十一章 推进广东农业供给侧结构性改革探讨

扶持和振兴的政策实施,取得了一些积极的效果,但如何提高落后地区发展速度和质量、缓解巨大的区域发展差距,仍然是制约广东全面建成小康社会的重点和难点问题。认为要继续推进产业转移和加大对口扶贫的力度。同时也如《意见》指出,开展农村综合性改革试点试验。尊重农民实践创造,鼓励基层先行先试,完善激励机制和容错机制。加强对农村各类改革试点试验的指导督查,及时总结可复制可推广的经验,推动相关政策出台和法律法规修改,为推进农业供给侧结构性改革提供法治保障。优化城乡建设用地布局,合理安排农业农村各业用地。完善新增建设用地保障机制,深化集体产权制度改革和探索建立农业农村发展用地保障机制等重大政策,我们认为,还应当包括建立投资农业风险补偿基金以及各类农业农村发展投资基金、加大地方政府债券支持农村基础设施建设力度等措施。同时,运用国家要求今后精准扶贫资金项目的审批下放到县一级的相关政策,把精准扶贫发展资金的使用真正发挥成效,促进新农村各项事业的应有发展。

## 七、继续落实广东农村普惠金融等政策,扶持现代农业发展

新时期广东现代化农业的健康可持续发展,其实也有赖于资金的支持。为此,可考虑根据在近年来广东农村第一、二、三产业融合发展试点示范取得明显成效的基础上,继续扩大试点的范围;全面推广农村普惠金融"村村通"试点的成效和经验。与此同时,还应当继续加快建设有广东特点的农业信贷担保公司,适时适度增加政策性涉农保险新品种等。通过制定相关政策,适时建设农村绿色金融改革创新试验区措施落实到位。此外,多元化筹集新农村建设发展资金也是重要的途径。例如,2016年年初,广东省金融办下发了《广东省小额贷款公司利用资本市场

融资管理工作指引》，这就有可能打破小额贷款公司再融资的困难。与此同时，也应当包括继续建立和完善具有地方特色的各种类型的农业发展基金（或新农发展金等）。总之，在建设广东农村绿色金融改革方面还可根据这一精神，鼓励和支持广东农村的金融机构，结合自身实际进行融资及资本有效的运作活动，或者以内容和形式更多的模式，为支持和促进现代化农业的发展提供资金保证。

## 八、在推进农业供给侧结构性改革中，处理好政府和市场关系

中共中央国务院《关于深入推进农业供给侧结构性改革加快培育农业农村发展新动能的若干意见》指出：推进农业供给侧结构性改革是一个长期过程，必须处理好政府和市场关系。广东省2017年的政府工作报告指出：必须继续深入实施珠三角优化发展和粤东西北振兴发展战略，落实全面对口帮扶，有序推进新型城镇化和城乡一体化。作为全国率先实行市场经济的广东，经过改革开放数十年的发展，无论是市场的开放度或是整个市场的发育及成熟的程度，在全国都是领先发展的。但由于社会主义市场经济仍然是在逐步完善中，在现实发展中市场仍然存在某种程度扭曲的、不规范运作的状况，尤其由于广东仍然是我国先行先试进行全面深化改革的试验区，一系列市场经济发展的规则仍在逐步完善中，如何在其中通过深化改革逐步完善政府应当具有的职能，科学有效地处理好政府与市场的关系，仍然是广东在新时期全面实施创新驱动发展战略中的重要内容。例如，如何实现全面推行"证照分离"改革。深化重点领域综合行政执法体制改革，实现"双随机一公开"监管全覆盖，包括大力推进"互联网+政务服务"，推行"一门式一网式"政府服务模式等仍然大有文章可做。从整体上考量，广东省区域经济发展不平衡问题

第二十一章 推进广东农业供给侧结构性改革探讨

仍然突出,农村建设尤其是农村基础建设等方面的发展仍然滞后。特别是在深化改革开放,推进农业供给侧结构性改革中,应当更好发挥市场对社会资源所起决定性作用;而且对广东新农村建设中精准扶贫资金项目的审批下放到县的要求,还需要采取相应的政策措施督促检查是否真正到位,如此等等,都是在推进农业供给侧结构性改革中应当切实解决的重要问题。

## 九、强化科技创新驱动,营造和拓展农业产业链价值链;加快农业现代化发展

有资料显示,目前我国农业依然基础薄弱、城乡居民收入差距仍然较大等方面。我国农业现代化在国际上仍有相当差距,仅以农业劳动生产效率为例,我国农业劳动生产效率是发达国家平均水平的2%,是世界平均效率的64%,劳动生产效率严重制约着农业现代化的发展。尽管广东是全国先行发展的发达省区,但广东农业基础不强,劳动生产率低也是制约广东农业现代化的发展的重要原因。因此,新时期结合广东农业发展的实际,切实转变农业发展方式,加快农业技术创新步伐,强化科技创新驱动,营造和拓展农业产业链价值链,成为加快广东农业现代化发展的重要内容。在新时期按照广东省委、省政府提出的要求:加强粤东西北和珠三角产业共建,下大力气推动跨区域产业链对接。重点推动珠三角大型骨干企业和特色优势企业的加工制造环节、增资扩产及转型升级项目,主导产业的配套企业,有稳定国际市场份额的劳动密集型加工贸易企业和规模以上生产性服务业企业向粤东西北转移,形成更紧密更合理的产业分工合作体系。

# 第二十二章 大湾区建设与深化粤港澳经济合作新发展

## 第一节 实施新发展理念,国家发展要求的新部署

《中国国民经济和社会发展第十三个五年规划纲要》要求,打造粤港澳大湾区,以建设大珠三角世界级城市群为重点,促进粤港澳跨境基础设施全面对接,加强创业创新合作,营造宜居宜业环境,发展具有全球影响力和竞争力的粤港澳大湾区经济。加深内地同港澳在社会、民生、文化、教育、环保等领域交流合作,支持内地与港澳开展创新及科技合作,支持港澳中小微企业和青年人在内地发展创业。支持共建大珠三角优质生活圈,加快前海、南沙、横琴等粤港澳合作平台建设。支持港澳在泛珠三角区域合作中发挥重要作用,推动粤港澳大湾区和跨省区重大合作平台建设。2017年3月,全国"两会"李克强总理做政府工作报告,要求"研究制定粤港澳大湾区城市群发展规划",发挥港澳独特优势,提升在国家经济发展和对外开放中的地位与功能,这是为粤港澳大湾区的横空出世提供了指引。2017年4月7日,国家发改委制定印发《2017年国家级新区体制机制创新工作要点》;2017年4月11日,总理李克强在会见香港候任特首林郑

# 第二十二章 大湾区建设与深化粤港澳经济合作新发展

月娥时谈到"今年,中央政府要研究制定粤港澳大湾区发展规划"。由此可见,今后粤港澳之间的紧密合作有可能达到新的广度和深度,成为我国继续推进区域经济一体化提升整体国际竞争力的强大引擎,成为全面实现中华民族伟大复兴中国梦的重要选择。

## 第二节 世界湾区发展的分析

### 一、湾区及湾区经济缘起

所谓"湾区"在国际上通常是指某些依靠沿海(沿海岸线)独特的地缘优势而形成的发达地区。目前,在全球最具代表性知名的湾区有纽约湾区、旧金山湾区和东京湾区。既然,湾区是由一个海湾或相连的若干个海湾、港湾、邻近岛屿共同组成的区域。在现代经济发展史上,随着国际经济贸易的兴起,人口集聚、经济活跃的城市在沿海区域崛起。由此可见,湾区一般是指围绕沿海口岸分布的众多海港和城镇所构成的港口群和城镇群,由此衍生的经济效应被称为"湾区经济"。纽约湾区、旧金山湾区、东京湾区和新加坡海峡的"成长三角",便是先后在全球经济竞争中崛起的著名湾区。①

### 二、早期对于粤港澳湾区发展的探讨

对于湾区研究代表性的如香港科技大学创校校长吴家玮,他

---

① 戴春晨、易德发:《对标世界著名湾区环珠江口崛起世界级城市群》,见《21世纪经济报道》2017年5月5日。

从旧金山湾区的经济特征出发,强调核心城市对大都会区域的辐射作用,利用国际资本、科技创新推动区域经济升级。他设想的"香港湾区",主要范围包括香港、深圳、东莞、珠海、澳门、中山以及还未划入广州市区的南沙(当时南沙还属于番禺市)。吴家玮的主要观点是,珠江口的系列城市(与后来的"城市群"概念类似)正在稳步发展,未来必将连成一片;这系列城市理应多方面合作互补,组成湾区型的大都会。而"合作互补"指的是,用香港的科研人才优势和国际资金,推动深圳的产业化,实现香港和内地经济增长的"双赢"。中山大学郑天祥教授的"环珠江口湾区",认为"湾区"的构建还要考虑区域的辐射能力和经济体量。广州是全国经济大市和广东省省会,经济体量有接近香港的趋势,同时有强大的辐射能力,"香港湾区"少了广州难成气候。因而,他建议将广州纳入"香港湾区",成为更大范围的"环珠江口湾区"。再从我们所掌握的资料考察,近年来经济学者对此讨论的还有"伶仃洋湾区""港珠澳湾区""华南湾区"乃至"中国湾区"。2014年,深圳市第一次在市政府工作报告中明确提及发展"湾区经济"。这些版本的"湾区"设想,大都同时囊括香港、澳门、广州、深圳和珠海等几大城市。范围和内涵均较"香港湾区"有所扩大。在科技创新之外,宜居的生态环境、临港工业、海洋产业、高等教育都纳入讨论范畴。除了2014年,深圳市第一次在市政府工作报告中明确提及发展"湾区经济"问题。还有部分经济学者提出,湾区应该具备超级大港、商贸枢纽、科技创新和金融服务能力四大要素。也有学者总结出"湾区"的三种形态:自然生态型湾区、以港口经济为核心的经济型湾区和强调科技创新的知识型湾区。2015年之后,《共建"一带一路"愿景与行动》《中国(广东)自贸试验区发展总体方案》《泛珠三角区域合作发展规划纲要》等文件完整提出"粤港澳大湾区"的概念,"粤港澳大湾区"被放置在对接国

## 第二十二章 大湾区建设与深化粤港澳经济合作新发展

际先进投资贸易准则、推动国家经济升级和新一轮开放的战略高度。国家"十三五"规划中明确提出了规划建设和发展粤港澳大湾区的问题。①

### 三、世界性湾区的重要组成

有资料显示,珠三角湾区城市群将包括香港、澳门,把香港、澳门和珠三角9个城市作为一个整体来规划。珠三角湾区今后会是世界上最发达的城市群地区。2015年珠三角湾区城市群的GDP总量达到1.24万亿美元,超过了1.19万亿美元的西班牙,接近1.32万亿美元的俄罗斯。目前,世界上有旧金山湾区、纽约湾区和东京湾区三大湾区。而正在建设和发展中的粤港澳大湾区被作为全球第四大湾区而横空出世,举世瞩目。粤港澳大湾区由广东9市(广州、深圳、珠海、佛山、惠州、东莞、中山、江门、肇庆)及香港和澳门两个特别行政区组成,总面积5.65万平方公里。2016年,粤港澳大湾区经济总量近1.4万亿美元。2015—2016年两年,广东的经济总量直逼西班牙,在全球中居第十五位,在中国各省区市经济总量持续排名第一位。从世界角度看广东各城市GDP发现:广州GDP追赶新加坡,深圳GDP赶超香港,佛山GDP直追欧洲名城阿姆斯特丹,东莞GDP超越"赌城"拉斯维加斯。经济总量方面,中山与日内瓦、江门与爱丁堡并驾齐驱,弯道超车的肇庆与"工业革命重镇"利物浦相当。

我们从现有资料分析中可以观察到,随着粤港澳大湾区的建设和发展,她将是全球第四大湾区而成为世界性湾区的重要组成部分。当然,与纽约、旧金山和东京三大国际知名湾区相比,粤

---

① 戴春晨、易德发:《对标世界著名湾区环珠江口崛起世界级城市群》,见《21世纪经济报道》2017年5月5日。

港澳大湾区有着的不尽相同的特点与内涵也是不言而喻的。首先，前者是市场经济制度比较成熟和完善的发达湾区，而粤港澳大湾区内既有市场经济较完善的香港和澳门地区，也同时存在市场经济正在发展和完善中的珠三角9个城市。其次，纽约、旧金山和东京三大湾区，是世界两个发达国家内部以自由港集群基础上，发展历史悠久的国际知名湾区；而粤港澳大湾区中的香港和澳门则是在一国两制条件下，既在一国之内，又分属两种经济和政治制度和三个独立关税区，粤港澳三地的法律制度、行政体系不尽相同。再次，纽约、旧金山和东京三大湾区，主要是由市场主导下建设和发展的模式，而粤港澳大湾区是政府主导的发展模式，是国家在"十三五"发展规划中提出的建设和发展新模式。最后，有资料显示，"广州—深圳—香港"是粤港澳大湾区世界级城市群的脊梁，而广佛同城、深莞惠一体化、深汕合作、港珠澳的联通，都是围绕这个湾区展开的。广州是华南区中心，拥有厚重的岭南文化；香港是世界金融中心之一；深圳是中国金融科创中心，特别其民营企业、制造业的发展日益强劲，加上深圳与周边的东莞、惠州，以及中山、江门和河源等地日益成为制造业基地，这有利于引领和促进湾区起飞。随着深中通道贯通、港珠澳大桥落成，深茂铁路和广佛江珠城际轨道通车，整个珠江三角洲将形成像旧金山湾大湾区一样的城市群，对周边城市区域的人流、物流、资金流辐射力大幅提升。①

**四、湾区发展功能定位比较分析**

如前所述，目前世界上具代表性的有著名的三大湾区——东京湾区、纽约湾区、旧金山湾区，他们依靠极强的金融业和发达

---

① 黄颖川、潘晓晨、梁涵：《广东高速公路总里程继续全国居首》，见《南方日报》2017年1月10日。

## 第二十二章 大湾区建设与深化粤港澳经济合作新发展

的科技业,GDP 总量和人均 GDP 较高。如今,粤港澳湾区(大珠三角湾区)异军突起后世界上将有四大湾区。① 然而,从这些湾区的主要功能考察,无疑各有千秋,颇具不同的特点和内涵,包括目前建设和发展中的粤港澳湾区,由于其所处的特殊的条件,因此,在发展战略的规划中也同样赋予了特有的发展功能。东京湾区,由于日本年销售额在 100 亿元以上的大企业有 50%设在这一湾区,包括三菱、丰田、索尼等一大批世界 500 强企业总部均设在此地。因此,东京湾区被称为"产业湾区"。由于美国的纽约湾区是世界金融的核心中枢,其金融业、奢侈品、都市文化等都具有世界性的影响力,因此,美国的纽约湾区被称为"金融湾区"。同样,由于旧金山湾区有全球最好的自然气候,以环境优美、科技发达著称,拥有举世知名的硅谷和斯坦福大学、加州大学伯克利分校等 20 多所著名大学,谷歌、苹果、Facebook 等互联网巨头和特斯拉等企业全球总部。高科技的发展需要依靠人才,而人才喜欢集聚在气候环境条件好的湾区。旧金山湾区因气候环境宜人,集聚了越来越多的高科技人才,科技发展迅猛。旧金山湾区被称为"科技湾区"。② 而粤港澳大湾区作为中国改革开放的前沿和经济增长的重要引擎,覆盖广东的广州、深圳、珠海、东莞、惠州、佛山、中山、江门、肇庆 9 市,和香港、澳门两个特别行政区,面积 5.6 万平方公里,人口 6000 多万人。2016 年,粤港澳大湾区的 11 城的 GDP 之和为 9.35 万亿元。其中香港实现 GDP 2.21 万亿元,排名第一,较上一年增长 3.8%;广州实现 GDP 1.96 万亿元,排名第二,增长 8.35%;深圳实现 GDP 1.95 万亿元,排名第三,增长 9.0%。根据初步

---

① 何山:《世界四大湾区珠三角占得一席》,见《南方日报》2016 年 12 月 30 日。
② 吴欣宁、王诗琪、郑佳欣:《世界著名湾区里都有一道制造脊梁!》,见《南方日报》2017 年 1 月 25 日。

设想,粤港澳大湾区的发展功能大致有6大方面:一是加强基础设施互联互通,形成与区域经济社会发展相适应的基础设施体系,重点共建"一中心三网",形成辐射国内外的综合交通体系;二是打造全球创新高地,合作打造全球科技创新平台,建设粤港澳大湾区创新共同体,逐步发展成为全球重要科技产业创新中心;三是携手构建"一带一路"开放新格局,深化与沿线国家基础设施互联互通及经贸合作,深入推进粤港澳服务贸易自由化,打造 CEPA 升级版;四是培育利益共享的产业价值链,加快向全球价值链高端迈进,打造具有国际竞争力的现代产业先导区。加快推动制造业转型升级,重点培育发展新一代信息技术、生物技术、高端装备、新材料、节能环保、新能源汽车等战略新兴产业集群;五是共建金融核心圈,培育金融合作新平台,扩大内地与港澳金融市场要素双向开放与联通,打造引领泛珠、辐射东南亚、服务于"一带一路"的金融枢纽,形成以香港为龙头,以广州、深圳、澳门、珠海为依托,以南沙、前海和横琴为节点的大湾区金融核心圈;六是共建大湾区优质生活圈,共建健康湾区,推进社会协同治理,把粤港澳大湾区建成绿色、宜居、宜业、宜游的世界级城市群。① 假以时日,建成国际一流湾区和世界级城市群是可能的。

---

① 何宁卡:《六大方面建建设粤港澳大湾区》,见《21世纪经济报道》2017年3月6日。

## 第二十二章  大湾区建设与深化粤港澳经济合作新发展

# 第三节  深化合作，促进粤港澳大湾区发展

## 一、实施新发展理念，深化粤港澳合作新模式

自从20世纪90年代以来，则是粤港从过去单一的制造业合作模式发展为制造业与服务业同时并举发展，稍后又是以服务业发展为主的合作模式。如地区层面讲则是由前期的港商在珠三角合作发展为主转到广东全境（包括粤东西北地区）的合作发展。笔者认为，新时期除了继续完善原有的有成效的合作模式外，还应当结合新要求，创新拓展更多的合作模式，如果说在宏观层面上，根据国家总体发展的要求和粤港澳的实际，加强在一带一路、发展自由贸易区以及拓展粤港澳区域经济、教育等内容的合作是粤港澳合作发展的新模式，那么，新时期推出的大湾区层面上的合作无疑应当成为粤港澳合作发展中又一崭新的合作模式。当然，国家"十三五"规划要求，要深化内地与港澳合作，支持港澳参与国家双向开放、"一带一路"建设，鼓励内地与港澳企业发挥各自优势，通过多种方式合作走出去。加大内地对港澳开放力度，推动内地与港澳关于建立更紧密经贸关系安排升级。深化内地与香港金融合作。在更为具体的微观层面，正在发展中的"深港通"也是金融合作发展的重要方面，包括双方的资本融合层面上合作。有资料显示，2017年国资国企改革将在各地全面开展。国企混改被列为2017年重点工作，这样提升资产证券化率、发展投资运营公司、加速重组整合、通过深化改革，国企上市公司资本运作是可能的。因此，可以利用香港资金、技术和管理经验等，参与广东的国有大中型企业改造乃至上市的合作

模式。实际上,把握机遇,适时适当引入港资进行国企改造甚至适时上市,这也符合国家提出国有企业可试行混合所有制改造的要求,也是广东要求新时期率先发展先行点试验区发展的需要。如果这种粤港合作模式能够率先试验并取得成效,将是新时期广东给全国深化改革开放发展中提供的又一新鲜经验。

## 二、以广东三大自贸区为平台,深化湾区合作

《广东省国民经济和社会发展第十三个五年规划纲要》提出要求:高标准建设中国(广东)自由贸易试验区,把广东自由贸易区建设成为粤港澳深度合作示范区。营造法治化、国际化、便利化营商环境,构建与国际高标准投资、贸易、管理规则接轨的自由贸易园区。粤港澳大湾区的建设发展无疑应当与广东三大自贸区为平台,深化湾区合作。例如,在实行准入前国民待遇加负面清单管理制度、国际贸易功能集成、口岸通关监管模式创新、人民币资本项目可兑换、跨境人民币业务、融资租赁等方面先行先试,加快形成可复制、可推广的制度框架和经验做法。广州南沙新区片区重点建设以生产性服务业为主导的现代产业新高地和具有世界先进水平的综合服务枢纽;深圳前海蛇口片区重点建设我国金融业对外开放试验示范窗口、世界服务贸易重要基地和国际性枢纽港;珠海横琴新区片区重点建设文化教育开放先导区和国际商务服务休闲旅游基地,促进澳门经济适度多元化,打造与葡语系、西语系国家经贸合作新平台。由此可见,今后以广东自贸区融合粤港澳大湾区发展,实现双赢共享发展的前景广阔。

## 三、继续扩大开放领域,强化湾区金融合作

《中国国民经济和社会发展第十三个五年规划纲要》中指出,要扩大金融业双向开放,有序实现人民币资本项目可兑换,

## 第二十二章 大湾区建设与深化粤港澳经济合作新发展

提高可兑换、可自由使用程度，稳步推进人民币国际化，推进人民币资本"走出去"。放宽跨国公司资金境外运作限制，逐步提高境外放款比例。支持保险业"走出去"，拓展保险资金境外投资范围。推进资本市场双向开放，提高股票、债券市场对外开放程度，放宽境内机构境外发行债券。提高金融机构国际化水平，加强海外网点布局，完善全球服务网络，提高国内金融市场对境外机构开放水平。2016年8月16日，国务院正式批准实施"深港通"，这为今后继续深化改革，进一步加强粤港经济的深度合作发展提供了可能和现实。而在国家"十三五"规划发展战略中，又高瞻远瞩地提出了实施粤港澳大湾区的战略，这实际上为以"深港通"为引擎，强化湾区金融合作提供了可能。而且，众所周知"深港通"是继"沪港通"之后，国家对香港股票市场和内地股票市场互联互通推出的又一项重大举措，有助促进和推动中国整体经济社会的发展。同时，实施经济转型、创新科技是国家"十三五"规划的重要发展战略。2016年5月16日，据《香港信报》报道，港交所（00388-HK）重推收市竞价交易时段（俗称U盘）及市场波动调节机制（俗称冷静机制或冷静期），这实际上是"深港通"的实施在金融合作方面的具体体现。而国家"十三五"规划中部署建设和发展粤港澳大湾区的战略又要求，推动粤港澳金融协同发展，培育金融合作新平台，扩大内地与港澳金融市场要素双向开放与联通，打造引领泛珠、辐射东南亚、服务于"一带一路"的金融枢纽，这就为今后深化湾区金融合作提供了重要基础。

### 四、以珠三角国家创新试验区为机遇，建设大湾区"科技硅谷"

2015年12月，国务院下发《关于同意珠三角国家高新区建设国家自主创新示范区的批复》，同意支持广州、珠海、佛山、惠州仲恺、东莞松山湖、中山火炬、江门、肇庆等 8 个国家高新技术产业开发区建设国家自主创新示范区。要求珠三角高新区通过实施国家自主创新示范区相关政策，结合自身特点，积极开展科技体制改革和机制创新，在科技金融结合、新型科研机构建设、人才引进、产学研结合、国际及粤港澳合作、创新创业孵化体系建设、知识产权运用和保护等方面进行积极探索。2015 年 11 月 12 日，珠三角国家自主创新示范区正式挂牌，后来广东省人民政府也颁布了《珠三角国家自主创新示范区建设实施方案（2016—2020 年）》《珠三角国家自主创新示范区发展空间调整规划（2016—2025 年）》，这为广东提供了实施创新驱动发展战略的又一重要的发展机遇。新时期落实广东省政府《关于全面深化科技体制改革加快创新驱动发展的决定》《广东省人民政府关于加快科技创新的若干政策意见》，落实粤港合作构架协议和粤澳合作构架协议，继续全面深化粤港澳区域合作特别是创新科技合作前景广阔。包括利用新时期建设粤港澳大湾区所营造的新动能，建设粤港澳创新圈为科技创新平台，促进合作发展，成为新时期三地发挥优势，整合资源，促进科技园区合作发展重要的内容。近年来，珠三角国家自主创新示范区通过发挥创新要素相对集聚的优势，加快建设高水平科技孵化育成体系，实施孵化器倍增计划，加大力度培育创新企业。打造国际一流的创新创业中心战略目标。以建设珠三角国家自主创新示范区、实施创新驱动发展战略的核心区广东省创新发展的强大引擎，重点开展高新区对高新区、孵化器对孵化器。因此，我们认为，全面落实创新科技驱动战略，加大力度扶植战略型新兴企业发展，瞄准国际产业变革的方向，抢占产业制高点。通过充分运用粤港澳三地的资源优势，特别是科技资源的优势，促进三地科技合作发展，不断提升创新驱动发展能力。建设具有区域特色的粤港澳科技创新圈地作为创新平台，聚集和打造粤港澳大湾区的"科技硅谷"的目

## 第二十二章 大湾区建设与深化粤港澳经济合作新发展

标只是时间问题。

### 五、以现代化理念，拓展大湾区旅游合作发展

广东省在《实施〈粤港合作框架协议〉2017年重点工作》中提出，粤港合作开发"一带一路"沿线国家旅游产品，发展面向"一带一路"沿线国家的邮轮市场，共同开发粤港邮轮旅游"一程多站"路线；落实《粤港旅游合作协议》合作项目，建立两地旅游市场合作监管机制，鼓励两地旅游业界开展人才培训合作等，促进两地游艇旅游业的发展，探索推动实现香港游艇在广州南沙通行；加强旅游交流和旅游信息互通，提升两地旅游业整体素质和促进跨境旅游市场健康发展。据省旅游局的资料显示，仅2016年1—6月广东实现旅游总收入5400亿元、同比增长8.5%，其中旅游外汇收入82亿美元、同比增长5.3%；而2016年全年，广东共接待游客人数达到3526.5万人次，比上年同期增长5.81%，其中接待香港同胞2130万人次，比上年同期增长5.24%。广东省旅游业发展"十三五"规划，也要求新时期实现粤港澳大湾区世界级旅游区建设取得重要突破。基本建成珠三角全域旅游城市群，粤东西北地区绿色生态旅游发展取得显著成效。建成一批国家级和省级全域旅游示范区。广东在"十三五"规划中要求，到2020年，接待过夜游客总量超过5亿人次，旅游投资总额2000亿元人民币，旅游业总收入达到1.6万亿元人民币。旅游业对广东国民经济的综合贡献度达到13%，建成具有世界影响力的旅游目的地和海上丝绸之路旅游核心门户。因此，要想实现这一目标，广东要联手香港加强旅游合作。例如，积极开展与香港旅游业协会、香港优质旅游服务协会等相关行业组织之间的交流；在境内外推广和发展粤港旅游文化等领域的全面合作；又如，在建设粤港澳大湾区中，通过打造粤港澳大湾区世界级旅游区。继续完善粤港澳"一程多站"旅游精品

线路。另一方面,推进旅游业的供给侧结构性改革,全面打造"旅游+互联网"良好环境,创新旅游产品供给体系,利用近年来广东在建设新农村中,日益发展的乡村旅游、文化旅游和休闲观光旅游等模式,继续完善旅游环境,吸引包括香港、澳门在内的境外旅游者进入,"旅游+"、旅游扶贫、旅游富民、文明旅游、旅游大数据、市场监管、对外旅游交流与合作等方面实现突破,仍然是新时期推进粤港旅游合作的重要内容。发挥广东旅游资源丰富等优势,积极推动广东与港澳联合开发海上丝绸之路旅游产品。加快推动粤港澳游艇自由行。再者,利用港珠澳大桥通车契机和广东建设的三大自由贸易试验区的优势,将广东自贸试验区中的广州南沙、深圳前海蛇口、珠海横琴片区建设成为粤港澳旅游服务业合作的示范区,全面建设和拓展粤港澳大湾区旅游合作。

## 六、以"一带一路"建设为引擎,促进大湾区合作发展

实际上"一带一路"的建设与发展,对于新时期粤港澳三地更新理念,加强紧密合作,联手打造粤港澳(海绵城市)大湾区,对于推动粤港澳区域经济一体化更好发展,促进我国整体经济的长远发展,实现中华民族的伟大复兴,无疑具有十分重要的意义和作用。当然,在建设粤港澳大湾区城市群发展中,无疑应当发挥粤港澳三地优势互补合作,夯实三地的地位和角色功能,充分利用香港作为国际金融、航运、贸易中心、全球离岸人民币业务枢纽和国际资产管理中心等多个国际经济中心地和澳门联系欧盟的"东方蒙地卡罗"等优势,结合广东经过数十年改革开放积累的厚实基础,在全面深化粤港澳紧密合作中,把建设粤港澳大湾区城市群当作新时期"重中之重"的规划内容摆到议事日程,以三地间的精诚紧密合作,联手打造粤港澳(海绵

## 第二十二章 大湾区建设与深化粤港澳经济合作新发展

城市）大湾区成为最具发展空间和增长潜力的世界级经济湾区，实现粤港澳大区域经济一体化更好发展。

自从"一带一路"提出并实施以来，引起了全球社会的普遍看好，2017年5月14日到15日在北京举办的有29位外国国家元首和政府首脑，代表总数约达1500人参加的"一带一路"国际合作高峰论坛就是证明。而此前中国的自贸区特别是广东自贸区建设的日益发展，与"一带一路"建设形成双引擎，合力促推粤港澳大湾区的建设和发展，由此形成的联动效应，全力推动我国区域经济的全方位发展是十分可能的。在新发展理念的引导下，内地特别是广东与香港、澳门的各方面联系不断加深，内地经济形势和改革开放进度对香港、澳门的发展无疑产生具有举足轻重的影响。随着港珠澳大桥等一批大型基础设施的营运，包括基础设施互联互通；科技创新；打造CEPA升级版推进粤港澳服务贸易自由化；加快推动制造业转型升级，特别是重点合作培育发展信息技术、生物技术、高端装备、新材料、节能环保、新能源汽车等；推动粤港澳金融合作，建设粤港澳湾区金融核心圈；建设大湾区优质生活圈等领域的合作都在如火如荼开展。因此，香港和澳门应考虑到国家实施粤港澳大湾区战略的实质，是要求在新时期构建全方位对外开放格局、推动经济结构适时转型升级、实现稳定的可持续发展，这对于港澳地区同样有着重要意义，充分认识并主动把握粤港澳大湾区建设带来的机遇和挑战，全面加强与内地特别是广东的全方位合作，开创粤港澳整体发展的新局面，颇具广阔的前景。

# 附录一　建言与感言

## 关于成立暨南大学研究院的建议

校领导：

为把我校办成开放型综合性大学，培养更多的教学、科研和实际部门的专门人才，使我校的教学、科研等活动更具有暨南特色，建议成立暨南大学研究院。

一、成立研究院的主要理由

（1）有利于适应深化教育改革的要求。研究院的成立使科研更好地结合教学实践并为之服务，国内外大学重视科研并把科研成果及时应用于教学实践的成功案例不胜枚举。

（2）有利于加强交叉学科的联系，促进某些新兴学科、边缘学科的建立和研究工作的发展。

（3）有利于完善我校的学院制。切实改变目前我校直属的几个研究所过于松散，名义上学校直接管理实际上又没有真正管理好的局面。

（4）有利于搞好教材改革，向学生传授最新知识。目前，学生普遍反映相当部分的教材陈旧，这就要求运用最新的科研成果，形成既符合教育改革的要求，又能适应学生特点的新教材。

二、研究院的职能

（1）协调各研究所的各项科研和行政管理等工作。

（2）根据科研应用于教学实践的要求，研究院在以研究为主的基础上，适当兼顾某些教学内容，有条件的可考虑与某些教学单位挂钩，实行科研、教学适度的轮换制度。

（3）在校内外开展科技咨询服务和培养研究生的工作。

三、研究院人员的配备

（1）研究院的院长由国内享有较高声誉的专家学者担任，副院长可由相关研究所的所长担任。

（2）研究院的其他人员除个别确实必要的补充（校内外调剂）外，原则上应由现有各研究所的人员组成。

总之，研究院的成立旨在集中必要的科研力量，对科研实行更为有效的协调和管理，以期把我校的教学、科研工作提高到一个新水平。

此致

敬礼

暨大特区、港澳经济研究所　周运源<br>1987 年 10 月 12 日

（此建议得到时任校领导何军、饶芃子和冯泽康等的批示，认为建议要认真研究。详见影印件）

## 关于成立暨南大学研究院的建议

校领导：

为把我校办成开放型的综合性大学，培养更多的教学、科研和实际部门的专门人才，使我校的科研、教学活动更具有暨南特色，建议成立暨南大学研究院。

一、成立研究院的主要理由：

1. 有利于适应深化教育改革的要求。研究院的成立使科研更好地结合教学实践并为之服务。国内外大学重视科研并把科研成果及时应用于教学实践的成功事例不胜枚举。

2. 有利于加强文、义学科的联系，促进某些新兴学科、边缘学科的建立和研究工作。

3. 有利于完善我校的学院制，切实改变目前我校几个研究部过于松散、名义上学校直接管理实际上又没有真正管理好的局面。

4. 有利于搞好教材改革，向学生传授最新的知识。目前学生普遍反映相当部分的教材陈旧，这

附录一 建言与感言

# 暨南大学

二、研究院的职能：
1. 协调各研究所的各项科研和行政管理等工作。
2. 根据科研究用于教学实践的要求，研究院在以研究为主的基础上适当兼顾基础教学内容，有条件的可以与基础教学单位挂钩，实行科研、教学togeather的轮换制度。
3. 在校内外开展科技咨询服务和培养研究生的工作。

三、研究院的人员配备：
1. 研究院的院长由国内享有较高声誉的专家、学者担任，副院长可由有关研究所的所长担任。
2. 研究院的其他人员除个别确定必要的补充外（校内调剂）原则上应由现有各研究所的人员组成。

总之，研究院的成立旨在集中必要的科研力量，对科研究进行更为有效的协调和管理，以期把我校的教学科研工作提高到一个新水平。

此致
敬礼

特此：港澳经济研究所 周建琼
一九八七年十月十二日

周运源文集：基于经济发展之探讨

# 2017年广州市最需要解决的民生问题之管见

## 关于征求"2017年广州市十件民生实事"
（专家学者意见的函）

尊敬的各位专家：

按照《广州市人民政府办公厅关于印发市十件民生实事办理工作程序规范（试行）的通知》（穗府办函〔2014〕96号）要求，今年广州市发改委、广东省省情调查研究中心将继续做好2017年广州市十件民生实事的遴选工作。

十件民生实事的遴选需要有一定的代表性和覆盖面，尤其是需要解决困难群体、弱势群体面临的突出问题，以及体现社会公平正义方面的普遍性问题，并且具有可行性和可操作性。因此，今年第一轮无导向征求意见工作将征求专家学者群体的专业意见，由专家学者根据日常了解或参与的广州市民生决策情况，提出您认为明年广州市最需要解决的民生问题的意见和建议。

此次征求意见和建议无导向性，采用开放式，不限字数，意见或建议请发送至省情中心邮箱 gdsqfb@163.com。

您的意见对我们的工作非常重要，请予大力支持为盼。

广东省省情调查研究中心<br>2016年8月10日

### 2017年广州市最需要解决的民生问题的意见和建议

（1）关于落实"大众创业、万众创新"政策的执行力度问题。利用全力推进"一带一路"建设，加快南沙自贸区建设的契机,在继续制定和落实这一政策的内容,同时提高具体部门的执行力度。

(2) 关于继续落实政策措施吸引优秀高端人才来穗工作问题。包括放宽技术人才入户广州市的政策,特别是对于广州目前紧缺的中、高级技工人才入户问题,需要加大力度。

(3) 关于继续健全市场秩序问题。食品、药品和用品等安全是市民的大事,因此,必须继续采取切实的措施,严办制假、造假和贩假等行为,健全和完善食品、药品和用品等安全检测措施。

(4) 关于深化教育体制改革,完善全民义务教育问题。包括进一步落实来穗民工子女随读的具体措施问题。近年来有改善,但不少地方仍然落实不到位,亟待加强和完善。

(5) 关于完善住房制度问题。一方面要继续有效控制过高的房价;另一方面规范住房租赁制度,以使人们租得起、买得起,从而保证工作和生活等需要。

(6) 关于继续健全和完善医疗保健问题。要想达到医疗保障制度城乡全覆盖,必须继续把相关政策措施落实到位,包括放宽私营民办医院的限制。

(7) 关于进一步完善养老服务问题。从相关政策措施上,继续降低私营民办养老服务机构的门槛,也包括从土地使用、养老服务设施配备等大力扶持,以适应第十三个五年期间老年事业发展的需要。

(8) 关于健全和完善"互联网+"行动计划的问题。包括资金、物资、技术和人才等资源,从政策措施上必须加强扶持发展力度,以真正使这问题成为"十三五"时期推动发展的重要引擎。

(9) 关于强化咨询、旅游和会展业等服务业新业态发展问题。运用新时期深化改革开放的良好契机,在不断完善市场经济

周运源文集：基于经济发展之探讨

发展中促进现代服务业新发展。包括进一步放宽和提高咨询、会展和旅游等新兴服务业的准入度，促进其应有的发展。

（10）关于进一步重视生态、环保的问题。继续全面落实新时期五大发展中的绿色发展理念，加大宣传生态环保意识重要性的效果，完善生态环保的执法力度，加之配合必要的奖惩措施，实现生态环保发展的如期目标。

（11）关于尽快启动引东江水供广州市民用水问题。据了解很多年前已有此项工程的规划，但由于多种原因，一直未能真正落实，为解决长时期来广州市民的饮用水安全问题，应当加快落实。

（这是作者2016年8月10日为广东省省情调查研究中心的撰写的文稿）

附录一 建言与感言

# 实施"十三五"规划,深化广东与港澳合作建议

## 一、国家"十三五"规划中对命题的要求

### (一)目标明确,中心突出,弘扬正能量

《中国国民经济和社会发展第十三个五年规划纲要》(以下简称《规划纲要》)提出:要深化内地和港澳、大陆和台湾地区合作发展,支持港澳巩固传统优势、培育发展新优势,拓宽两岸关系和平发展道路,更好实现经济互补互利、共同发展。支持香港、澳门长期繁荣稳定发展,全面准确贯彻"一国两制""港人治港""澳人治澳"、高度自治的方针,严格依照宪法和基本法办事,发挥港澳独特优势,提升港澳在国家经济发展和对外开放中的地位和功能。由此可见,《规划纲要》中对命题提出的要求目标明确,中心突出,弘扬正能量。将在新时期深化内地和港澳台的合作发展起到具有战略性的引导作用。

### (二)内容充实,力度彰显,信心倍增

《规划纲要》提出:支持港澳发展经济、改善民生、推进民主、促进和谐。包括:支持港澳提升经济竞争力,支持香港巩固和提升国际金融、航运、贸易三大中心地位,强化全球离岸人民币业务枢纽地位和国际资产管理中心功能,推动融资、商贸、物流、专业服务等向高端高增值方向发展。支持香港发展创新及科

技事业，培育新兴产业。支持香港建设亚太区国际法律及解决争议服务中心。支持澳门建设世界旅游休闲中心、中国与葡语国家商贸合作服务平台，积极发展会展商贸等产业，促进经济适度多元可持续发展。也包括深化内地与港澳合作，支持港澳参与国家双向开放、"一带一路"建设，鼓励内地与港澳企业发挥各自优势，通过多种方式合作"走出去"。加大内地对港澳开放力度，推动内地与港澳关于建立更紧密经贸关系安排升级。深化内地与香港金融合作，加快两地市场互联互通。加深内地同港澳在社会、民生、文化、教育、环保等领域交流合作，支持内地与港澳开展创新及科技合作，支持港澳中小微企业和青年人在内地发展创业。支持共建大珠三角优质生活圈，加快前海、南沙、横琴等粤港澳合作平台建设。支持港澳在泛珠三角区域合作中发挥重要作用，推动粤港澳大湾区和跨省区重大合作平台建设。可见，内容如此充实的提出，彰显的高力度，必将在新时期增强内地与港澳特别是广东与港澳合作发展实现双赢的信心。

### （三）更新的要求和更高的标准

有中国特色的改革开放经过30多年的洗礼，这项举世瞩目的基本国策在新时期进入了新的发展阶段。在我国国民经济和社会发展"十三五"中对外开放提出新要求和更高的标准。例如，与"十二五"规划中的改革开放内容相比，"十三五"规划增加了"一带一路"、中国特色自由贸易区建设和国际产能合作等方面的内容。《规划纲要》提出，要以"一带一路"为统领，丰富对外开放内涵，提高对外开放水平，努力形成深度融合的互利合作格局，开创对外开放新局面。由此可见，把推进"一带一路"建设，作为《规划纲要》中专列一章以对外开放的重中之重的内容来表述，可见力度之大和标准之高。而其中构建有中国特色自由贸易区则是适应新形势，面对和解决新问题，同样是实施

"十三五"规划中不可或缺的重要内容。再例如,在开放区域布局方面,《规划纲要》提出了更为具体的要求,包括支持沿海地区全面参与全球经济的合作与竞争,发挥环渤海、长三角和珠三角地区的对外开放门户作用,率先对接国际高标准投资贸易规则体系,培育具有全球竞争力的经济区。特别是《规划纲要》中还单独用重要的篇幅对国际产能和装备制造合作做出部署,提出以钢铁、建材、铁路、电力、化工、轻纺、汽车、通信、工程机械、航空航天、船舶和海洋工程等为重点,开展国际产能和装备制造合作,推动装备、技术、标准、服务"走出去"。而在对外贸易方面,《规划纲要》对此更加强调结构调整和创新发展,提出推动外贸向优质优价、优进优出转变,加快建设贸易强国,并对服务贸易在外贸中的占比提出16%以上的要求。此外,在健全对外开放新优势上,与"十二五"规划相比较,"十三五"规划增加了营造优良营商环境、完善境外投资管理体制、扩大金融业双向开放和强化对外开放服务保障等方面的内容。《规划纲要》提出要提高自贸区建设质量,同时在服务业开放、金融开放、投资贸易便利化等方面先行先试,充分体现了新形势下营造深化改革开放更高层次的标准和更新的要求。

(四)把未来中国发展置于国际化层面的新水平

对于区域和双边自由贸易体制方面的建设,尽管"十二五"规划中已经提出过要加快实施,但在"十三五"规划中仍然进一步提出要逐步构建高标准的自由贸易网络,要求积极与"一带一路"沿线国家和地区商建自由贸易区,同时加快中国-海合会、中日韩自贸区等谈判,推动以色列、加拿大、欧亚经济联盟和欧盟等建立自贸关系以及亚太自贸区相关工作。此外,"十三五"期间将健全"一带一路"的双边和多边合作机制,支持中欧等国际集装箱运输班列发展,加强重要通道、口岸基础设施建设,同时建设新疆丝绸之路经济带核心区、福建"21世纪海上丝绸之路"核心区。而在企业层面,包括民营企业在内的中国企业是实现"一带一路"倡议落地重要的中坚力量。民营企业参与"一带一路"建设,加快民企"走出去"进程,提高国际竞争力,也是有效应对国际经济新常态的要求。此外,按照《规划纲要》的要求,强化区域和双边自由贸易体制建设,同样成为中国积极参与全球经济治理的重要发展战略。其中,中国要逐步构建高标准的自由贸易区网络,积极和"一带一路"沿线国家、地区商建自由贸易区,通过签署双边合作协议、投资保护协定和避免双重征税协定,布局"一带一路"自贸区网络,不断提高贸易投资自由化与便利化水平,为企业构建开放稳定的营商环境。实际上,中国发挥现有的多个自贸区(海南等地也正在申报主要面向东南亚自由贸易区)的作用同样重要,通过建设发展中国国内的多个自贸区,进一步推动全方位的开放体制的构建,在国际上形成高层次接轨,而其中的发展战略和现实意义十分深远。可见,今后中国这方面发展水平和国际化要求之高。

## 二、广东自身发展的重要使命

2015年,广东省经济社会发展稳中有进、稳中向好、稳中提质,顺利完成全年经济社会发展目标任务,实现"十二五"规划的圆满收官。这主要得益于广东举全省之力,全面贯彻落实党的十八大,十八届三中、四中、五中、六中全会和习近平总书记系列重要讲话精神,紧紧围绕"三个定位、两个率先"目标,坚持稳中求进工作总基调,积极主动适应经济发展新常态,有效应对各种困难和挑战,统筹推进稳增长、促改革、调结构、惠民生等做好各项工作的结果。据2015年广东国民经济和社会发展统计公报资料显示,2015年广东全省实现地区生产总值(GDP)72812.55亿元,比上年增长8.0%。其中,第一产业增加值

3344.82亿元，增长3.4%，对GDP增长的贡献率为1.7%；第二产业增加值32511.49亿元，增长6.8%，对GDP增长的贡献率为41.2%；第三产业增加值36956.24亿元，增长9.7%，对GDP增长的贡献率为57.1%。三次产业结构为4.6:44.6:50.8。珠三角地区生产总值占全省比重为79.2%，粤东西北地区占20.8%，其中粤东、粤西、粤北分别占6.9%、7.7%、6.2%。特别是作为金融大省建设的广东，2015年实现金融业增加值5400亿元，雄踞全国各省市榜首。然而，据广东经济学会在2015年年底开展"2016年广东经济形势基本判断"的分析资料显示，有不少对此命题的研究者认为，由于多层因素的叠加影响，特别是世界经济下行风险依然一定程序存在，经济增长和发展的不确定性因素增加等的影响，2016年广东省的经济发展，尽管会保持不太大波动持续发展，但将会出现继续下行的态势，包括由于企业的经营成本上升，融资困难等对于转型升级的制约，内需市场疲乏，供需矛盾增大，而实施供给侧结构性改革，创新推动发展不可能马上见效，因此整体持续发展的可能性困难会增大。《广东省国民经济和社会发展第十三个五年规划纲要》中提出：要深化粤港澳紧密合作。创新粤港澳合作机制，打造粤港澳大湾区，形成最具发展空间和增长潜力的世界级经济区域。全面落实粤港、粤澳合作框架协议，深入实施CEPA有关协议，推进粤港澳服务贸易自由化，与此同时，要深化泛珠三角等区域合作。贯彻《泛珠三角区域深化合作共同宣言（2015—2025年）》，务实推进基础设施、产业投资、商务贸易、旅游、农业、人力资源、科教文化、医疗社保、环境生态、信息化建设、金融等重点领域合作。加快区域交通运输一体化进程，推进跨省（区）铁路、公路项目和珠江—西江黄金水道建设，加强区域间口岸合作，共建内陆无水港和沿海飞地港。强化跨省（区）江河流域水环境协调保护和治理，共同建设粤赣湘桂南岭山地森林及生物多样性生态功能区。深化以西电东送、西气东输为重点的能源合作。以珠江—西江经济带、武广高铁经济带、贵广高铁经济带、南广高铁经济带以及粤桂合作特别试验区、粤桂黔高铁经济带合作试验区、湛江—北海跨省特别经济合作区、闽粤经济合作区、广州南站泛珠省会城市合作示范区为重大区域发展平台，进一步加强沿海、沿江、沿路经济带和合作园区建设。这些成为新时期广东全面实施创新驱动发展战略的重要使命。

### 三、港澳地区可持续发展的重要机遇和现实选择

香港特区行政长官梁振英在 2016 年《施政报告》中指出：香港特区政府十分重视并积极参与国家"十三五"规划的工作。香港特区政府政务司司长主持"与内地合作督导委员会"，并将继续领导各部门，以"国家所需、香港所长"为策略取向，充分发挥香港作为国家"超级联系人"的作用。加强香港与内地的联系与合作，特区政府致力于扩大驻内地办事处的网络和提升职能，将增设 6 个联络处，目标是每个办事处将下设 2 个联络处。各政策局和部门将继续推动与内地的多元交流合作。香港特别行政区政府将带领香港社会各界凝聚发展共识，着力发展经济、改善民生、促进和谐，抓住国家制定"十三五"规划、实施"一带一路"建设等带来的机遇，进一步谋划和推进香港长远发展。澳门特区行政长官崔世安在 2016 年财政年度施政报告中也指出：在新的一年，特区政府将全力贯彻"以人为本、科学决策"的施政理念，把民生事务放在施政优先位置，加速建设房屋、社会保障体系、教育、医疗、人才培养长效机制。要把发挥自身独特优势与依托祖国坚强后盾结合起来，充分把握祖国新一轮发展机遇，不断深化粤澳合作和区域合作。这是新时期对澳门经济等新发展的更高要求。

## 四、加强和发挥广东在泛珠三角地区合作中的重要作用

回顾历史，总结经验，展望未来，合作共赢。当年广东是泛珠江三角洲9+2倡导并积极协调建设的重要省份。经过10多年来的建设，广东与泛珠省区通过签订并落实《泛珠三角区域合作发展规划纲要（2005—2020）》以及相关的各项专项协作协议，取得了合作共赢的发展成果。据资料显示，2015年是"十二五"收官之年，泛珠合作取得积极进展。作为泛珠合作的发起者和倡导者，仅广东与泛珠各省区加强省际合作交流，与周边兄弟省区一起搭建了多个重大合作平台，为广东开拓内地市场提供更为便捷的通道，也为各省区发展开辟了发展新高地，拓展省区间的产业结构调整，促进了省区的经济社会平稳较快发展。实际上，"十二五"时期广东着力优化对外开放格局，务实推进泛珠三角区域合作，累计签约产业经贸合作项目4508个，合作成果丰硕。今天，广东作为中国继续深化改革开放的南方重要省份，承担着继续先行发展，践行习近平总书记提出的"三个定位，两个率先"：广东要努力成为发展中国特色社会主义的"排头兵"、深化改革开放的先行地、探索科学发展的实验区，为率先全面建成小康社会、率先基本实现社会主义现代化而奋斗的光荣使命。2016年3月15日，国务院公布《关于深化泛珠三角区域合作的指导意见》（国发〔2016〕18号）中提出，泛珠三角洲地区要继续扩大对外开放，建设全国改革开放先行区、内地与港澳深度合作核心区、"一带一路"建设重要区域，为全国深化改革、扩大开放积累经验，打造我国高水平参与国际合作的重要区域，提升区域开放型经济发展水平。由此可见，"泛珠三角"新的战略定位上升为国家层面的高度，使她作为内地与港澳深度合作核心区，实际上也成为对接港澳等地区，实施粤港澳合作的"升级版"。经过10多年的努力奋斗，由广东省倡导发起并积极

参与发展的泛珠三角区域合作，终于在新时期上升为国家战略。这无疑十分有利于在新时期协调东、中、西联动发展；有利于更好融入"一带一路"建设、长江经济带发展；也有利于继续深化内地与港澳更紧密合作和保持香港、澳门长期繁荣稳定可持续发展。新时期实施深化改革开放的新优势，营造创新发展新常态，继续加强和发挥广东在泛珠三角地区合作中重要作用。包括重点形成广东在泛珠三角区域合作发展中的对外开放新优势务实，积极推进基础设施、产业投资、商务贸易、旅游、农业、人力资源、科教文化、医疗社保、环境生态、信息化建设、金融等重点领域合作。这实际上成为新形势下广东落实国家关于泛珠三角区域发展指导意见的主要内容，科学和有效整合9+2区域资源，进一步提升全方位开放的层次和水平，打造特殊区域融合平台，推进有中国特色的大区域合作和持续发展的重要选择。作为承担我国新时期继续先行发展的广东，也有能力继续务实推进泛珠三角区域合作，加快珠江—西江经济带、粤桂黔高铁经济带和与周边省区经济合作区等建设发展。继续在全面深化泛珠三角区域合作中，以扩大开放带动创新、推动改革、促进发展。充分发挥广东自由贸易试验区的示范带动作用，依托自由贸易试验区深化与港澳合作，贯彻落实《泛珠三角区域深化合作共同宣言（2015—2025年）》，通过深化改革，全面提升区域对外开放和合作水平，携手打造粤港澳大湾区，促进有中国特色的超大区域经济的发展，实现中华民族伟大复兴之梦的愿景是可期的。

（本文是周运源应邀为2016年广东省省情研究中心所撰写的文稿）

附录一　建言与感言

# 学术年会十周年，继续探索硕果鲜

## 在 2016 年广东社会科学学术年会上的获奖感言
（2016 年 11 月 30 日）

各位领导、各位来宾、各位代表：

上午好！

隆冬的羊城，天气乍暖还寒。如此非常态的气候，既提高了人们抗寒度冬的技能，也挡不住广东社会科学界欢聚一堂，分享科研成果的热情。广东社会科学人如此炽热的心情和温暖的身躯，预示着又一个科学春天的来临。今天，广东社会科学界在这里举行隆重的 2016 年学术成果的总结和表彰大会，为南粤大地增添了亮丽的风景线。此时此境的心情可想而知，文字不多的感言若然纸上。

众所周知，广东作为我国最早实行改革开放的东南沿海省份，得先行一步率先发展的改革开放风气，经济社会等得到长足发展成为综合实力强的发达省份，在我国整体发展中举足轻重。而广东哲学社会科学界的理论工作和实践者，与时俱进最早参与了改革开放先行试验省的研究探索。无论是从早期的经济特区、开放区或是"四沿"——沿海、沿江、沿边和沿线开放建设和发展的研究，还是从南到北全国范围全方位开放的探讨；具体内容上从率先进行的价格改革、基建项目的招标与投标制度改革、劳动用工制度改革、投融资制度改革，从所有权和经营权分享、重组，再到股份制和上市公司等，从有计划的商品经济到社会主义市场经济的讨论，从建立若干大经济区域的发展，包括首倡建立和发展泛珠三角区域、自由贸易区建设和"深港通"等,都做出了有益的探索。早在1987年就开始理论探讨上对境外合作交流的开展,从开始仅限于粤澳社科界发展到开展粤港澳三地学术交流合作,广东省社科联在其中起到十分重要的积极组织协调和践行作用。2015年在澳门召开粤港澳三地学术交流活动后,本人曾做打油诗以表达心意:"广东社科开放型,首开境外合作缘;深化改革持续度,理论实践硕果鲜。"实际上无论是体制、机制的理论研究,社会主义市场条件下的经济、社会、法律、文化教育、居民社区,还是上层建筑乃至各方面的"顶层设计"等,广东学人都在其中扮演着特殊的角色和发挥着十分重要的作用。

若干年前,由广东社会科学院主办的《新经济》杂志社组织举办的首届"岭南经济家"评奖时,本人作为评委对改革开放以来广东经济理论界以卓炯、孙孺和曾牧野(前三位曾被广东经济理论界的所谓"三人团",还有王利文、郑炎潮和张向荣的"新三人团")等为代表的广东学人做出的贡献给予的评语是:敢闯敢干岭南人,改革开放潮头立;理论创新结硕果,实践持续再远行。

也许上述这些评语是远远不够的,可能会挂一漏万,然而是表达了那么一层意思。实际上,广东经济学人,包括广东其他哲学社会科学的广东理论界在改革开放过程中做出突出贡献是举世瞩目的,包括前一时期集全省之才,建立颇具重要影响的理论粤军组成的南粤智库等,其实在全国的哲学社会科学理论建设和发展上,

附录一 建言与感言

广东学人创造了许多个第一,① 这也是众所周知的事实。

话题回到广东社会科学学术年会的主题,自从 2007 年开始广东省社科联奉行继续深化改革开放,解放思想与时俱进,创新了社会科学理论探讨的发展模式,率先以举办学术年会的方式,包括由有关单位承办相关的与学科专业紧密联系的学术分会场,集中各方面的专家学者,以问题导向为切入点,积极探讨广东经济、社会等各个领域的热点问题,包括围绕广东经济、社会等重大的突出问题,也包括年度规划和"十三五"规划甚至长远发展规划的发展要求,积极进行有的放矢的研究与探索,事实上,每一届的学术年会都取得了丰硕的成果,由此对广东乃至全国的建设发展产生着重要的影响作用。

本人本着学习提高的理念,从开始的前几届广东社会学术年会都有参加,近年来的也有参加,中间几届由于相关原因虽然未参加,但基本上也有或多或少地留意学术活动研讨的动态,从中扩展了自己的视野,丰富了知识,无疑从中获益匪浅。值此要特别感谢广东省社科联的历届领导和职能部门同志,高瞻远瞩、持之以恒,给我们哲学社科工作者提供了良好平台,这实际上也是使我们有所收获的重要保证。

党的十八大特别是十八届六中全会以来,党和国家十分重视我国社会主义市场经济条件下的理论建设,提出了新时期加强新型智库建设和发展的重要发展战略,这是发出实施全面小康建设,实现伟大民族复兴的进军号角,因此,在新时期坚持参与理论与实践的相关研究与探讨,作为一名哲学社科工作者责无旁贷。

---

① 当年广东深圳率先在全国进行的价格闯关的价格改革商品逐步放开由市场定价,基本建设率先进行招、投标制度,创造"三天一层楼"的深圳速度以及在广东珠海于全国率先进行劳动用工制度改革的合同签约制度,还有在广东深圳率先进行的股份制改革,推动企业(公司上市)等举措,都为全国创造了新经验。

习近平总书记在纪念中国共产党成立 95 周年大会上，发出"不忘初心，继续前进"的号召。2016 年 5 月 18 日，他在哲学社会科学工作座谈会上的讲话中又指出："哲学社会科学工作者要树立良好学术道德，自觉遵守学术规范，讲究博学、审问、慎思、明辨、笃行，崇尚'士以弘道'的价值追求，真正把做人、做事、做学问统一起来。"因此，我们要学习近平总书记在哲学社会科学工作座谈会上做出关于繁荣中国哲学社会科学的重要精神。以及于 2016 年 11 月 20 日至 21 日召开的中国共产党广东省第十一届委员会第八次全体会议精神和广东省政府实施"十三五"发展规划和发展战略，加强对广东建设和发展问题研究，以当代马克思主义的理论为指导，以问题为导向，紧密结合广东的实际，在着力加强新时期广东建设和发展的研究中多出成果，为广东省委、省政府提供决策咨询参考发挥智库的作用贡献力量。值此，本人愿以鲁迅先生所讲"弄文学的人，要一坚韧，二认真，三韧长"和马克思所讲"在科学的路上没有平坦的道路，只有不畏艰险的人，才能到达光辉的顶点"的经典话语，权作与哲学社会科学工作者共勉。

两点建议：

第一，建议今后广东社会科学学术年会经过相关专家及社科联综合平衡的评奖结果，给予一定的公示期，其间接受社会质疑，以坚持公平、公正原则和提高学术成果的公信力。

第二，建议进一步提高对承办学术会议分会会场单位的支持力度，包括资金等扶持，也包括适时派出观察员以协助完成具体的工作。

三个祝愿：

（1）祝愿广东哲学社会科学界的研究团队茁壮成长。

（2）祝愿广东哲学社会科学研究取得更好更多的研究成果，特别是精品成果。

（3）我坚信，在以习近平同志为核心的党中央正确领导下，在省委、省政府和省社科联的正确领导和关心支持下，未来广东的哲学社会科学研究将取得更大更好的繁荣发展！

以上是个人的一家之言（一孔之见）如有不妥请指正。

谢　谢！

周运源文集：基于经济发展之探讨

# 继往开来再探索——澳门社会科学学会成立20周年偶感

在人类社会发展漫长的历史长河中，20年恐怕也只是弹指一挥间的事情。然而，对于澳门社会科学界来说，也许是充满着潜心探究、奋力拼搏、激扬文字和成果显著的不平凡岁月。20年前的1985年，正值澳门处于回归祖国前夕，是中国政府与葡萄牙政府之间陆续开展多个回合的中葡关于澳门问题谈判的特殊时期，澳门社会科学界的有识之士，与其他功能界别的朋友一样，对澳门经济社会等的发展状况存在不少忧虑，而对于中葡关于澳门问题的谈判寄予厚望，尤其是对澳门回到祖国大家庭的怀抱充满信心。当时，面对回归前澳门的经济、社会、文化教育等方面存在的问题，为着深入了解和分析澳门经济社会等深层次的问题，全面把握澳门在新时期面临的发展机遇，特别是对澳门在祖国内地实行改革开放的基本国策以后，澳门在其中所承担的重要的不可替代的历史任务，也为着使澳门在新时期继续发挥中国内地联系国际市场，特别拓展澳门社会科学界等与祖国内地甚至海外学术界开展广泛的联系和交流合作等，澳门一批专家、学者率先发起并组建了澳门社会科学学会。他们秉承"研究澳门、服务社会"的宗旨，联系了一批澳门本地有志研究澳门的社会科学工作者，同时也首度开展与祖国内地同行的接触和联系，邀请了内地若干知名学者、专家（主要是广东省社会科学界的）作为内地特邀会员参加澳门社会科学学会的相关活动。在澳门社会科学学会成立不久，澳门社科界就牵头组成访问团，先后访问了广东省社会科学院及其港澳经济研究中心、中山大学港澳研究所、暨南大学特区港澳经济研究所等内地高校和科研单位，并与这些单位开展学术交流和合作活动，（当时，笔者曾在暨南大学特区港澳经济研究所所长陈肇斌教授的带领下参加了相关的活动。并在中山大学怀士堂前合影留念）。尔后，广东省社会科学界也相应组织这方面的专家、教授，对澳门社科界进行回访，并开展相关研究专题的学术交流，加强了粤澳社会科学界的联系和合作。1987年4月13日，中、葡两国政府关于澳门问题的联合声明正式签署，为澳门社会科学界探讨澳门回归前后的一系列问题提供了重要的保证。在广东省社会科学界联合会与澳门社会科学学会的互访交流联系中，彼此都感觉到需要通过一个固定的联系与合作形式，进一步把双方社会科学界的交流与合作推向一个新的水平，因此，经过双方的多次协商，议定从1988年开始以粤澳关系研讨会的形式，每年在广东的广州或者广东省内的其他城市如江门、佛山、深圳、珠海、肇庆等市，召开涵盖粤、澳两地经济、政治、教育、科技、法律等领域为主题的研讨会，第2年则移师澳门，继续对上述领域的热点或其他重点问题进行研讨。如此循环进行，自1988年开始截至2004年年底的统计，粤澳关系研讨会前后共召开了16次，先后参加研讨会的专家、学者多达2000人，参加人数之多、影响之大，是国内与境外联合召开的社会科学研讨会所不多见的。在历次研讨会上，粤澳两地（当然有些时候也有香港以及北京、上海等地专家、学者作为特邀代表参加）学者提出了不少真知灼见，并得到政府或其他部门的高度重视，有的还被列为当地政府或部门的决策参考。尤其值得提出的是，粤澳关系研讨会对1999年12月20日澳门顺利回归祖国，在一定程度上起到了社会科学领域舆论导向的良好影响和重要作用。记得在澳门回归前的那次粤澳关系研讨会上，当时重点研讨的主题，是回归前澳门的社会治安不靖，带来对整体经济社会等诸多方面的全面影响，不少专家学者因此建议回归后的澳门特别行政区政府,应从源头上抓好澳门社会治安的管治,应与广东的警方建立联系打击黑社会或其他跨境犯罪的活动等。事实证明,回归后澳门特区政府的确花了大力气,净化了澳门的社会治安等比较棘手的问题,开创了澳门回归祖国以来社会治安的良好秩序和氛围,由此大大促进了澳门经济、社会等的全面持续稳定发展。其次在粤澳关系研究的20多年中,无论是探讨研究的论文,还是著作均有了一定的沉淀和积累。据笔者了解,广东省社科联从开展粤澳关系研讨以来,先后出版了3本颇显影响的著作,例如1994年8月出版的《粤澳关系研究》,汇集了第一届到第七届粤澳关系研讨会的主要论文,1995年5月又出版了《粤澳关系与澳门研究》(集中了粤澳关系研讨会第八届到第十一届的论文),继而在2003年10月又出版了《回归后的澳门发展与粤澳关系研究》,当然,其间还有不少发表在内地及港澳地区相关刊物上的研究论文,在2005年年初首届澳门社会科学优秀成果评奖中获奖的论文和著作中,就有不少是粤澳关系研讨会的成果。特别需要提出的是,澳门社会科学学会前会长黄汉强先生,首先倡导和主持完成了重要的研究报告"内地澳门更紧密经贸关系的安排与澳门的应因思路",课题组的广东、澳门专家一起,进行了前瞻性和务实性的研究和探索,该研究成果为我国中央政府最终制定和实施"内地与澳门更紧密经贸关系安排"(简称CEPA),提供了颇有参考价值的研究资料。再次,在粤澳关系第十五届研讨会上,广东省社会科学界联合会与澳门社会科学学会的主要领导,以新的发展理念,广开领域进行生动活泼的学术探讨。在研讨会上,粤澳学者与广西、云南和贵州3省区的社科界同行一起提议,把过去粤澳两地社科界的学术交流活动,拓展为广东、广西、云南、贵州和澳门5个省区的大范围、宽领域的交流和合作,因此,(2003年11月在澳门召开)的第十六次粤澳关系研讨会上,来自5省区300多名专家、学者济济一堂，共同探讨澳门与内地社会科学领域的热点问题。这次粤澳关系研讨会围绕内地全方位、宽领域、多层次对外开放格局的形成和发展为主题，与会的专家、学者集中在寻根溯源，珠江水系源自云南马雄山①，对如何构建珠江流域西部旅游走廊集思广益，当然，此次研讨会同时涉及了5省区的经济、文化教育、政治和法律等方面的内容，并且经过时任的一届澳门社会科学学会领导及其机构与广东等各方的协商形成了一个重要的决议，即以后的粤澳关系研讨会，分别由广东、广西、云南、贵州和澳门轮流主办，并初步确定第十七届粤、桂、黔、滇、澳5省区关系研讨会首先确定在云南召开。2004年年初开始，我国内地对香港、澳门地区实行更紧密经贸关系的安排，尤其是其中先后开放内地居民赴香港、澳门的"自由行"，大大促进了香港、澳门与内地经济社会更全面的联系与合作发展。尽管后来由于广东、香港等局部地区爆发"非典"，以及其他因素的制约，使新一届澳门与粤、桂、黔、滇关系的研究会未能召开，然而笔者相信，在新一届社科联同仁的协商下，新时期澳门与内地省区的社科界的联系合作将更为紧密，学术研究与探讨必将更加丰富、务实和卓有成效。

光阴似箭，澳门社会科学学会走过了20周年的风风雨雨，她的建立、成长和发展证明，社会科学研究是没有地域界线的，尤其是澳门在与祖国大家庭紧密联系的条件下，双方百花齐放、百家争鸣的学术交流、认同以及学术创新等，必定会促进和推动中华民族整体经济、社会、科技、文化、教育、法制等的逐步完善和可持续发展。我们相信，澳门社会科学学会新一届的领导集体，将以新的治会理念为行为准则，新形势下在继续加强澳门社

---

① 当年珠江电影制片厂所拍的电影《珠江颂》，时任广东省省长叶选平对珠江源头的题字就是证明。

会科学学会本身健康发展的同时,也无疑会继续推进澳门社科界与祖国内地尤其是广东,甚至国外的学术交流联系与合作活动。我们也相信,澳门社科界的同仁们在持续开展并活跃新时期澳门的学术活动中,在结交更多的新朋友(特别是学术界同仁),也必定会继续保持与过去合作数十年的众多老朋友的更为紧密的交流和合作活动,同样也将会继续坚持"研究澳门、服务社会、继往开来、探索不止"。为澳门特区更美好的明天,做出更加卓有成效、成果更为显著的研究探索与贡献。(以上的认识仅仅是笔者的一孔之见,并以此文追忆导师陈肇斌教授和澳门社会科学学会前会长黄汉强先生)

(本文是作者2005年10月18日为澳门社会科学学会写就的文稿,原载《当代港澳》2005年第2期)

# 附录二　山高水长　师恩难忘

## 像孺子牛般教书育人的良师
——回忆恩师陈肇斌教授

### 不负众望，建设和发展研究机构

20世纪70年代末，中国共产党十一届三中全会的胜利召开，中国迈入了改革开放建设有中国特色社会主义的伟大进程。中国如凤凰涅槃新生，处处呈现勃勃生机，地处南方的广东、福建等沿海省区被国家赋予先行改革开放率先发展的机遇。1980年8月26日，中华人民共和国第五届全国人民代表大会第十五次大会，正式批准通过了中国进入改革开放时期的重要产物《中华人民共和国经济特区条例》。在党和国家的高度重视和全国各族人民的热切期盼和大力支持下，新诞生《中华人民共和国经济特区条例》，赋予广东、福建率先创办四个经济特区（其中广东有深圳、珠海和汕头，福建有厦门），利用我国东南沿海毗邻港澳和海外的优势，率先实行改革开放的特殊政策和灵活措施，达到率先发展为新时期全国整体发展提供示范作用。1978年我国著名的华侨大学暨南大学在广州得到复办，而两年后《经济特区条例》的颁布，无疑在当时暨南大学同样引起巨大影响。有关部门十分重视我国第一所华侨大学的复办和建设，教学、科研和管理等各项工作，分别纳入并走向正常发展的轨道。为响应党和国家建设经济特区的号召，发挥侨校的优势，积极参与经济特区的建设和发展，在学校党政领导的高度重视和上级有关部门的大力支持下，1982年暨南大学特区港澳经济研究所，作为全国高校第一个专司经济特区和港澳经济研究的机构得到成立。而当中陈肇斌教授作为首任所长，在研究所的筹办和各方面的上下协调等整个过程中起到了极其重要的作用。而且，此后多年颇具特色的暨大特区港澳经济研究所逐步得到完善和发展，特别是以理论研究领域多，功能健全，超前探索力度大，研究成果丰硕等，在实践中为相关部门日益发挥着重要的影响和咨询作用为众所周知。

### 身体力行，探索发展有成果

为着深入探讨经济特区和香港、澳门等地经济发展规律，无论是酷暑还是严冬，陈肇斌教授不辞年高，身体力行带领研究所同仁，多次先后到经济特区和港澳地区调研，如此作为曾得到国内外同行专家学者的高度好评。经过多年深入经济特区和港澳的调查研究，以及多年经验的积累，1984年由陈肇斌教授主编的《中国经济特区》，作为改革开放后第一本关于经济特区研究的专门著作（这也是全国高校中第一本此类著作）终于在有关部门的支持下问世了，而且当时一面世就以高的发行量位居同类书籍畅销书的前列，并被翻译成外文在海外发行，引起广泛的社会影响。

### 高风亮节，诲人不倦

事实证明，陈肇斌教授以严谨治学和诲人不倦的精神，结合改革开放建设中国特色社会主义的实际，给我们传授经济学原理以及经济特区和港澳发展的现实问题给我们解惑，特别是有时把

## 附录二 山高水长 师恩难忘

课堂放到深入实际调研中的前沿（田野调研），使我们众多弟子获益良多。陈肇斌恩师那种严谨的治学精神及诲人不倦的风范仿佛就在眼前，仍记忆犹新。20世纪80年代初，我从中山大学毕业分配到暨南大学经济系。后来考上陈肇斌导师的研究生（当时协助招生的还有经济学院的王碧华副院长等）。当初我们这一届研究生弟子刚入学时，陈导师曾指导我们应当首先阅读的经典著作和参考文献，包括当时经济理论界知名度和影响较大的相关报纸和杂志等。陈导师指引我们读书的相关记忆，笔者曾在2006年9月的《文摘报》和《光明日报》上发表过相关的文章。（参见《光明日报》2006年10月13日和《文摘报》2006年10月29日，以"学业之友"为题的内容）

岁月如梭，师恩难忘。回顾当年岁月，我们倍感万千。在陈导师等一批老师的言传身教下，我们在实际工作中各有精彩的作为。仅据粗略统计，我们这批当年在陈肇斌教授恩师指导下求学的学子中，有的出国深造并卓有成效，有的担任了院（系）领导甚至学校一级的领导，有的已成为教授（博导），还有的在某一学术领域有所成就等。总之，我们在各自岗位上的努力拼搏，发挥和实现人生的价值，为社会为祖国和人民做出了应有的奉献。

### 任劳任怨，壮心不已

陈肇斌导师直到晚年，仍然指导带领研究生较长期深入到我国多个经济特区或香港、澳门等地进行调研活动，特别是每每让我们带着问题（主要是某阶段学习的专题）或深入到实际中调研，或参加全国或某一地区相关的学术研讨会，通过这些有具体实际意义的活动，丰富我们联系实际思考问题的信息资料，拓宽我们的视野，逐步提高我们研究问题的能力和水平，为社会多做贡献。

特别一提的是陈导师晚年仍不辞辛劳，仍然担任广州大学经济研究所所长和粤港澳台促进协会会长,并兼任全国或大地区性质(如中国价格研究会、中国高校价格研究会、中国沿海开放城市研究会和广东省价格学会)等副会长的重要工作,并卓有成效地参与开展相关的各项活动,受到学界的好评。即使是生病住院了,陈导师仍然带着相关的资料,坚持在病床上处理相关事宜,包括指导研究生开展相关的学术研究工作。真正显现出"老骥伏枥,壮心不已"的高尚情操。

著名侨校,爱国榜样。作育英才,前景辉煌。2016年是暨南大学建校110周年。我们有理由充满信心地相信,作为我国的著名侨校,今后暨南大学在振兴中华,实现中国梦进程中的发展前景十分广阔。秉承忠、信、笃、敬之校训,大力弘扬暨南精神、建设一流院校,实现"侨校+名校"的宏伟目标只是时间问题。

(周运源写于2016年12月)

附录二 山高水长 师恩难忘

# 高风亮节，诲人不倦的良师
## ——回忆蔡馥生教授

20世纪70年代末，中国共产党十一届三中全会吹响了改革开放的号角，中国大地开始呈现勃勃生机，地处南方的广东、福建等沿海省区先行一步率先发展。1978年经过"文化大革命"的洗礼，在党和国家的高度重视、海外华侨的热切期盼和大力支持下，暨南大学如凤凰涅槃新生在广州得到复办。当时有关部门十分重视我国第一所华侨大学的复办，除了把原先分散到有关学校（如中山大学等）的教师调回暨南大学外，并且特别从省内外充实教师和管理干部到暨大，如中南财经大学等。

从1968年到1978年暨大被停办达10年，如今要复办其困难可想而知。而此时老革命家蔡馥生临难受命，以极其高昂的精神和勇气，承担起作为主要领导之一复办暨大包括经济系的重要担子成为佳话，而且不辞年高，身体力行，千方百计联系外地教师的如期调入和教材的准备，以及后勤保障等一系列工作。暨大复办初期有政治经济学系、工业经济系、商业经济系、会计系等，而仅经过两年的复办，统计系和金融系等更多的系和学科得到迅速发展，到1980年年底经济学院正式成立，蔡馥生教授成为首任院长（后来蔡老主动让贤担任名誉院长），任劳任怨为暨南大学为经济学院的建设发展做出了可圈可点、众所公认并有口皆碑的重要贡献。历史发展到80年代初，我从中山大学毕业分配到暨南大学经济系，刚来单位报到时，误将在系办公室办公的另一同志叫蔡老被称为笑话。（因此前对蔡馥生老师只有文字信息上的了解，特别是对于蔡馥生老师作为介绍人，在1933年5

月与杜国库介绍许涤新加入中国共产党,参加许老主编的中国第一部《政治经济学辞典》,是知名的经济学家等记忆颇深,大家对如此德高望重的老先生尊称为蔡老,但我与蔡老并未谋面,因此曾造成张冠李戴的笑话)当时我作为青年老师分配到暨南大学经济系当助教,还兼任一个年级的学生辅导员(后改为班主任)工作,蔡老与当时的陈光耀书记和后期的马殊副院长、陈立光书记、王碧华副院长等曾经先后多次找我们谈话,要求我们积极努力,在做好本职工作的同时,不断学习,提高自身业务知识,完善个人修养,为党和国家的教育事业多做新贡献。尽管当时刚复办的暨大各种条件不尽如人意,然而单位还是为新来的年轻老师配备了办公桌和其他辅助场所,为我们提供了积极向上,努力工作的条件。尔后我考上经济学院研究生,蔡馥生老师给我们这一届(当时经济学研究生专业包括世界经济、价格学、房地产经济、经济学说史在内研究方向)讲授《政治经济学——社会主义部分》。蔡老认为,全国人大第五届第五次会议通过的新宪法,第六条规定与第十一条规定肯定了我国现阶段社会主义的所有制结构,当然同样存在继续发展和完善的内容,这是我们学习社会主义政治经济学必须掌握的基本思想。蔡老这些思想以及后来他对于社会主义经济发展多方面的论述是相吻合的。事实证明,蔡老以政治经济学的基本原理,结合我国社会主义经济的建设发展实际,给我们传授政治经济学的理论与实践,使我们获益良多。至今我们对蔡老那种严谨的治学精神及诲人不倦的践行记忆犹新。当时,我们每周上课前,蔡老都事先列出学习大纲要求我们做准备,课后也要求写出读书笔记。当然,我们几个同学每次是在蔡老家上课,都是蔡老夫人黄阿姨给我们准备茶水(黄灼人也是暨大的教育工作者),每每使我们心暖如春,充分显现师者如父母的爱之情。

岁月如梭,师恩难忘。我们在蔡老等一批老师的言传身教

附录二　山高水长　师恩难忘

下,应该说有所作为。仅我们这批当年在经济学院求学的学子中,有的早已经出国深造,有的担任了院(系)领导甚至学校一级的领导,有的成为教授(博导),还有的在某一学术领域有所成就,有的成为单位的主管(或高级主管)等。总之,我们在各自岗位上的努力拼搏,发挥和实现人生的价值,没有辜负蔡老等老师们的殷切期望。2015年是暨南大学经济学院建立35周年。我们豪情满怀相信,未来学院学校发展前景广阔。秉承忠、信、笃、敬之校训,弘扬暨南精神、建设一流学院,实现"侨校+名校"的意愿是可期的。

(本文原载《南方》杂志2015年第25期,总第229期)

# 主要参考文献

[1] 周天勇. 2016—2020：未来五年的五大挑战 [J]. 学习参考, 2016 (2).

[2] 王鹤. 广东粤港澳合作走向深度合作层面 [N]. 广州日报, 2016 - 03 - 03.

[3] 周运源. 关于粤港澳科技合作的再思考 [J]. 港澳经济, 1996 (9).

[4] 徐静. 广东到 2020 年高新技术企业力争达 1.5 万家 [N]. 广州日报, 2016 - 03 - 28.

[5] 周运源. 论加强穗港经济联系与合作, 拓展高新技术产业 [J]. 中山大学学报, 1998 (5).

[6] 黄颖川, 等. 2020 年广东省属高新技术企业超 200 家 [N]. 南方日报, 2015 - 11 - 04.

[7] 王辑宪. 香港经济为什么感觉不行了 [N]. 广州文摘报, 2016 - 05 - 23.

[8] 周运源. 澳门在珠三角经济区的合作发展研究 [M]. 广州：中山大学出版社, 2013.

[9] 黄颖川, 等. 2020 年广东省属高新技术企业将超 200 家 [N]. 南方日报, 2015 - 11 - 04.

[10] 张茉楠："一带一路"下国际产能合作风险与机遇 [N]. 上海证券报, 2016 - 06 - 08.

[11] 郑佳欣, 戴双城, 卓泳, 等. 广东开启对外开放新格 [N]. 南方日报, 2016 - 03 - 09.

[12] 黄应来. 粤东西北人均 GDP 增长率连续 10 年超珠三角 [N]. 南方日报, 2016 - 07 - 30.

[13] 耿旭静. 粤东西北 GDP 增速与珠三角"看齐"[N]. 广州日报, 2016-05-24.

[14] 杨圣明, 赵瑾. 实施更加积极主动的开放战略——深入学习习近平同志关于对外开放的重要论述[N]. 人民日报, 2015-01-05.

[15] 周运源. 创新驱动, 推进中国(广东)自贸区建设发展[J]. 广东经济, 2015(3).

[16] 张茉楠. "一带一路"下国际产能合作风险与机遇[N]. 上海证券报, 2016-06-08.

[17] 郑佳欣, 戴双城, 卓泳, 等. 广东开启对外开放新格局[N]. 南方日报, 2016-03-09.

[18] 毛泽东文集(第7卷)[M]. 北京: 人民出版社, 1999.

[19] 邓小平文选(第3卷)[M]. 北京: 人民出版社, 1983.

[20] 杨圣明, 赵瑾, 实施更加积极主动的开放战略——深入学习习近平同志关于对外开放的重要论述[N]. 人民日报, 2015-01-05.

[21] 周运源. 开放合作发展是我国经济发展主旋律[J]. 当代港澳研究, 2009(1).

[22] 25省市国企改革全景图: 混改无一例外地被列为重点[N]. 上海证券报, 2017-01-19.

[23] 戴庆成. 连续23年香港被评为全球最自由经济体[N]. 香港联合早报, 2017-02-17.

[24] 庞彩霞. 广东高新企业总数居全国首位[N]. 经济日报, 2017-02-17.

[25] 周雪婷. "中总论坛"探讨2017年香港经济机遇. 人民网, 2017-02-14.

[26] 习近平. 2017年农业农村工作主线[J]. 学习中国, 2016-12-23.

[27] 马兴瑞. 2017年广东省政府工作报告[N]. 南方日

报,2017-01-25.

[28] 孙大伟.农民职业化的内因分析 [J].南方农村,2016 (2).

[29] 广东经济学会调研组.2017年广东经济形势的基本判断 [J].南方经济,2017 (2).

[30] 叶卡斯.2016广东居民人均可支配收入破3万城乡差距缩小 [N].广州日报,2017-02-17.

[31] 高凤.广东互联网+农业蔚然成风 [J].农产品市场周刊,2015 (48).

[32] 胡新科,刘正跃.广东深化农村改革综合性实施方案出台 [N].南方日报,2016-03-21.

[33] 李练军.新生代农民工市民化政策满意度及影响因素 [J].华南农业大学学报,2016 (3).

[34] 何山.世界四大湾区珠三角占得一席 [N].南方日报,2016-12-30.

[35] 王晓易.粤港澳如何走向全球一流湾区？[N].第一财经日报,2017-05-05.

[36] 周运源.经济研究与文学探索 [M].广州:中山大学出版社,2016.

[37] 伍凤兰,陶一桃,申勇.湾区经济演进的动力机制研究——国际案例与启示 [J].科技进步与对策,2015,32 (23).

[38] 何宁卡.六大方面建设粤港澳大湾区 [N].21世纪经济报道,2017-03-06.

[39] 戴春晨,易德发.对标世界著名湾区环珠江口崛起世界级城市群 [N].21世纪经济报道,2017-05-05.

[40] 鲁志国,潘凤,闫振坤.全球湾区经济比较与综合评价研究 [J].科技进步与对策,2015,32 (11).

# 后　记

　　诚然，对于个人所从事的教学和科研等活动，尽管并不是从一开始就是有主动所为的意愿，而是当年作为社会一个青年选择职业的尝试。特别是毕业当年就建立了家庭。父亲周逢香作为留守老人居住在乡下（后因过度劳累跌倒而瘫痪多年后仙逝，如今回忆想起每每有伤痛之感），而母亲魏桂娣则亲自来到广州为我们双职工家庭照看孩子。那种上有老人下有小孩，我们又要忙于日常工作的境遇，恐怕只有亲历其中者才能感同身受。至于在20世纪90年代初期笔者怀着既困顿、郁闷又慨叹，还不安于现状的心情调动到中山大学继续从事教学科研业务的情况，则在一定程度上可以说是有主动的意愿所为。因为尽管此前笔者也打算到经济特区深圳去就业，而且对方单位也已发信函愿意接收，但几经考虑再三，仍然想留在高校继续工作，这实际上就是当时的真实写照。这样，在"师德与良心的双重撞击"的状态下又过了许久，笔者在当时港澳研究中心许主任及港澳研究所郑所长的关心支持与帮助下，得以调动到中大再就业，并以此成为笔者从事学术生涯中颇具重要意义的转折点，因而也是笔者在别样环境下从事教学科研的又一新起点。

　　如今呈现在读者面前的《周运源文集——基于经济发展之探讨》，从一定意义上讲是2016年笔者所出版《经济研究与文学探索》的续篇，是笔者较长时期从事学术探讨和研究的认知和思考。虽然如此，笔者不能也不应该过高评价自己，而应当实事求是地客观地正视自己做的事情，充其量只能是作为一个哲学社会科学工作者做了些分内之事。仁者见仁，智者见智，这些东西也只能是一孔之见或是一家之言,现在把这些东西显现出来,希望得到同行专家学者及所有对此关注者的批评指正。当然,笔者大学毕业后先后在暨南大学和中山大学从事教学研究工作之所以多少有进步,得益于笔者读大学之前,在政府相关部门从事的资料工作所打下的基础密切相联。如当年笔者早期在县工业局所从事的资料工作(当时局秘书股长是卓细芳),以后笔者又在县工交办(后为经济委员会)从事资料工作(当时工交办主任是廖伟英、副主任是邓继贤),与在此工作的江维廉、古新谌和李青林等共事,毫无疑问,这些好人对笔者在当时的工作及后来各种能力的提高都提供了多方面的帮助;自然,笔者通过上述这些段时间的磨练,实际上获益匪浅。

本研究成果得以再次形成,当然要感谢家人尤其是内人一直默默无闻的支持。与此同时,笔者还要感谢一直以来关心、支持笔者从事教学科研等工作的老师及同仁。特别感谢笔者在中山大学工作时期的(笔者原工作单位暨南大学的老师另作专门的谢意)许锡挥、郑佩玉、郑天祥、张仲深和李开云等老师(也包括已仙逝的雷强老师和甘长球老师)。

《周运源文集——基于经济发展之探讨》是笔者多年来进行教学研究等工作中所做的力所能及研究的一部分成果。如果说书的前面部分是笔者恰逢中国改革开放前期所做的某些专题方面的研究,那么,本书的后面部分则是笔者在深化改革开放的新时代,继续与时俱进,涉足学科研究的前沿发展动态,持之以恒对于经济发展理论与实践的探讨。

本成果所以能得到出版,还要特别感谢中山大学出版社的有关领导的支持帮助以及编辑等同志所付出的充满人文关怀的辛勤劳动。

周运源谨识于中山大学蒲园<br>2018 年首春